Mein Kind braucht Regeln

Heike Kovács · Birgit Kaltenthaler

Mein Kind braucht Regeln

GONDROM

Dr. med. Heike Kovács ist Journalistin für Printmedien, TV und Internet. Außerdem verfasste sie zahlreiche Ratgeber, ist als Moderatorin von Gesundheitsseminaren und Wissenschaftstagungen tätig und tritt als Expertin für Familie und Gesundheit regelmäßig im Bayerischen Fernsehen auf. Sie hat einen Sohn.

Birgit Kaltenthaler ist Journalistin und hat zahlreiche Ratgeber sowie Kurz- und Kindergeschichten verfasst. Heute betreibt sie außerdem ein Yoga-Studio für Kinder und Erwachsene. Sie ist Mutter zweier Kinder.

Gesamtproduktion: Medienprojekte, München
Covergestaltung: Jarzina Kommunikations-Design, Köln
Umschlagfoto: © Lucidio Studio Inc./Corbis

ISBN-10: 3-8112-2625-8
ISBN-13: 978-3-8112-2625-8

013

5 4 3 2 1

www.gondrom-verlag.de

Inhalt

Schwierige Kinder – hilflose Eltern 6

ERZIEHUNG – KEINE LEICHTE AUFGABE 8

Was ist eigentlich Erziehung? 10

Der richtige Erziehungsrahmen 18

KLARE REGELN – IN JEDEM ALTER WICHTIG 66

Wie Ihr Kind Regeln lernt 68

Regeln für jedes Alter 80

REGELVERMITTLUNG IN DER PRAXIS 110

Die häufigsten Fehler 112

Fragen aus der Praxis 129

10 Punkte gegen Stress 140

Register 143

Schwierige Kinder – hilflose Eltern

Warum Erziehungsprobleme zunehmen

Der Junge vom Haus gegenüber tobt wieder einmal auf der Straße herum. Er macht reichlich Krach dabei und verprügelt andere Kinder, die ihm in die Quere kommen. Er sei aggressiv, ungehorsam und einfach überhaupt nicht erzogen, meinen die Nachbarn. Der Siebenjährige hält mit seinem unbändigen Aktivitätsdrang die gesamte Umgebung in Atem. Jeden Tag kommt er mit Hiobsbotschaften nach Hause: ein Fahrradsturz, ein unter Wasser gesetztes Badezimmer, zerschnittene Rollerreifen, verkritzelte Wände bis hin zu einer drohenden Anzeige wegen eines Graffitis. Die elfjährige Schwester des Jungen verbreitet zwar nicht ganz so viel Chaos, macht ihren Eltern aber dennoch Sorgen, weil sie launisch und unberechenbar ist, nur noch vor dem Fernseher sitzt und ihre schulischen Leistungen nachlassen.

Solche und ähnliche Geschichten gibt es unzählige – und es scheinen immer mehr zu werden. Von Erziehungskatastrophen ist in Ratgebern und Zeitschriftenartikeln zu lesen, von aus der Bahn geratenen Kindern und überforderten Eltern, von Lernstörungen, Verhaltensauffälligkeiten, Konzentrationsproblemen, Aggressionen und Vereinsamung. Ist es wirklich so schlimm?

Tatsächlich wachsen Kinder heute in einer Welt auf, die von einem massiven gesellschaftlichen Wandel geprägt ist. Immer mehr Eltern lassen sich scheiden, Familien fallen auseinander und formieren sich dann wieder völlig neu. Mütter und auch Väter erziehen zunehmend ihren Nachwuchs allein. Viele Kinder sind heute über weite Strecken des Tages sich selbst überlassen. Sie leben manchmal in beengten Wohnverhältnissen relativ isoliert, ihr Spiel- und Erfahrungsraum ist begrenzt. Unter der Mehrfachbelastung von Job, Haushalt und Kinderbetreuung reagiert der versorgende Elternteil häufig gestresst. Es mangelt an Zeit und Zuwendung. Nicht selten übernimmt der Fernseher die Erziehung, statt realer Personen sind Medienfiguren aus der Pop- und Glamour-Szene Vorbilder und Ratgeber.

Es geht auch anders

Doch das muss nicht so sein, es geht auch anders! Obwohl Zeit heute oft Mangelware ist, bleibt immer genügend Raum, um sich den Kindern zuzuwenden und ihnen Geborgenheit, Sicherheit, Strukturen sowie Regeln zu geben. Das ist die wichtigste Basis für eine gesunde Entwicklung. Jeder hat diese Zeit, denn meist sind es wirklich nur winzige Veränderungen, kleine Umstellungen des Tagesablaufs, die wahre Wunder bewirken. Dazu braucht es lediglich ein bisschen Konsequenz, eine richtige Kommunikation mit den Kindern sowie eine liebevolle, gelassene Grundhaltung.

Ruhe und Gelassenheit, das ist es, was vielen Eltern heute fehlt. Sie wollen alles besonders recht, besonders gut machen, sie sind engagiert, motiviert, lesen Erziehungsratgeber, besuchen Kurse sowie Seminare ... und dann tun die Kinder doch nur das, was sie wollen. Dies führt zu Verunsicherung und Schuldgefühlen: »Wir kriegen unsere Kinder nicht in den Griff«, urteilen Väter und Mütter kritisch über sich selbst.

Solche Gefühle von Überforderung und Frustration sind ganz normal, wenn sie vorübergehend auftreten. Alle Eltern kennen sie – sie gehören zum Elterndasein einfach dazu. Jedoch dürfen unbewusste Ängste und Sorgen nicht überhand nehmen, denn sie verursachen Stress und Anspannung. Dies wiederum verstärkt die Erziehungskonflikte, denn Kinder spüren das genau und nutzen unsere innere Not womöglich aus, um sich zu widersetzen. Glücklicherweise hat jedes Kind Phasen, in denen es lieb und nett ist. Genau dann sollten Sie ansetzen und die Basis für Ihre Erziehung schaffen: Regeln aufstellen und diese Zug um Zug ausbauen. Wir hoffen und wünschen, dass Ihnen dieser Ratgeber ein hilfreicher Begleiter ist und er Ihnen erleichtert, diese Aufgabe zu meistern.

Erziehung – keine leichte Aufgabe

Was ist eigentlich Erziehung?

Es gibt bei uns bestimmte Erziehungsideale, gewisse Werte, Normen und Regeln, die Kindern vermittelt werden. Diese sollen ihnen helfen, sich in die Gemeinschaft einzufügen und seine soziale Kompetenz zu stärken. Damit können sich die Kleinen im Kindergarten und später in Schule und Beruf behaupten. Diese Erziehungsideale unterscheiden sich jedoch in den verschiedenen Gesellschaftsschichten stark, außerdem unterliegen sie einem zeitlichen Wandel, schon von einer Generation zur nächsten. Unsere Großmütter und Großväter wurden noch ganz anders erzogen als die Kinder heute. In der modernen Zeit gibt es weitaus weniger strenge Erziehungsmaßnahmen, Härte und Gehorsam stehen nicht mehr so im Vordergrund wie damals. Die Eltern geben ihrem Nachwuchs dafür mehr Wärme. Sie zeigen große Offenheit und Toleranz, Gefühle dürfen zugelassen werden. Es gibt aber keinen einheitlichen, keinen verbindlichen Erziehungsstil. Jeder macht es anders. Nicht nur zwischen Eltern und Großeltern, sondern sogar zwischen Vater und Mutter kann es zu ganz unterschiedlichen Meinungen in Sachen Erziehung kommen.

Was gilt?

Deshalb ist es für frisch gebackene Eltern oft nicht leicht, eine Orientierung zu finden, eine bestimmte Richtung, in die sie der Umgang mit ihrem Kind führt. Viele fragen sich, ob sie nun feste Prinzipien schaffen und auch auf deren Einhaltung strikt achten müssen oder ob sie eher alles locker und großzügig angehen sollten.

✔ Ist der Rat von Fachleuten zu berücksichtigen? Und vor allem: Welche Ratschläge sind die besten? Denn auch hier gibt es große Unterschiede. Oder hat die eigene Intuition Vorrang in der Erziehung?

✔ Wie viel Fürsorge ist eigentlich gut? Sollten Sie eher nach dem Motto »es kann nie genug Liebe fürs Kind geben« verfahren oder erstickt es dann womöglich in Zuneigung und Zuwendung und fühlt sich überbehütet?

✔ Welche Erfahrungen darf das Kind selbst sammeln, wie viele Freiräume soll es für seine optimale Entwicklung bekommen und wann müssen ihm Grenzen aufgezeigt werden?

✔ Und wann sind Disziplin und Gehorsam angebracht, denn ganz ohne diese beiden Tugenden geht es ja auch nicht, oder?

Die Aufgabe der Kindererziehung ist also groß und sehr anspruchsvoll. Und bestimmt wollen Sie diese so gut wie möglich meistern. Ihre Kinder brauchen eine Basis, vor allem gute Vorbilder, die eine gewisse Autorität vermitteln und sie positiv beeinflussen. Sie als Eltern müssen selbst Kraft und Festigkeit ausstrahlen, die Ihre Kinder dann auch spüren. Ihr Nachwuchs muss auch wissen, dass Sie es sind, die im Zusammenleben die Richtlinien vorgeben. Am besten bewährt hat sich ein Erziehungsstil, der eine Mischung aus Liebe und Konsequenz darstellt.

✔ Schon früher: immer Ärger mit der Jugend

»Die Jugend liebt heutzutage den Luxus. Sie hat schlechte Manieren, verachtet die Autorität, hat keinen Respekt vor den älteren Leuten und schwatzt, wo sie arbeiten sollte. Die jungen Leute stehen nicht mehr auf, wenn Ältere das Zimmer betreten. Sie widersprechen ihren Eltern, schwadronieren in der Gesellschaft, verschlingen bei Tisch die Süßspeisen, legen die Beine übereinander und tyrannisieren ihre Lehrer.« Dieser Text könnte sehr wohl in einer Familienzeitschrift stehen. Aber man staune, er ist über 2400 Jahre alt und stammt aus der Feder des griechischen Philosophen Platon, der mit diesen Sätzen eine Rede seines berühmten Lehrers Sokrates über »Probleme mit der Jugend« zusammengefasst hat.
Daraus geht eindeutig hervor, dass Konflikte mit dem Nachwuchs sowie Überforderung von Eltern und Lehrern immer aktuell sind und nicht erst seit kurzem bestehen. Sie gehören zum Leben mit Kindern dazu. Das allein ist schon beruhigend. Dennoch wollen Erziehungsprobleme gelöst werden – damals wie heute.

Darüber werden Sie in diesem Buch noch viel erfahren.

Die richtige Mischung: Liebe und Konsequenz

Kinder brauchen Liebe und Zuwendung. Das ist die Basis jeder Erziehung und äußerst wichtig für die gesunde seelisch-geistige Entwicklung eines Kindes. Wenn es nicht liebevoll behandelt wird, wenn es von ständiger Gefühlskälte umgeben ist und extrem häufig Strafen erfährt, verarmt es emotional. Später, im Erwachsenenalter, wird es dann selbst Probleme haben, andere Menschen zu lieben und ihnen Zuwendung und Zärtlichkeit zukommen lassen zu können.

Heute bemühen sich Eltern, aber auch Erzieher und Lehrer, weitaus mehr als früher, den Kindern ein liebevolles Umfeld zu schaffen. Das ist sehr sinnvoll, denn es ist das beste Fundament für gute zwischenmenschliche Beziehungen und für ein erfolgreiches späteres Berufsleben. Ein Kind, das geliebt und angenommen wird, fühlt sich geborgen. Es spürt Vertrauen gegenüber seinem Umfeld und vermag seine eigenen Fähigkeiten auszubauen.

Liebe ist auch die Basis für dauerhafte Bindungen. Die wichtigsten Bezugspersonen eines Babys sind die Eltern. Durch sie erfährt es Zärtlichkeit und Wärme; durch Liebkosen, Streicheln, Kuscheln und Schmusen, durch liebevolles Sprechen und Spielen bekommt es das Gefühl von Sicherheit und Geborgenheit. Ein Kind lernt zuallererst von Mutter und Vater, Liebe zu empfangen und zu geben. Später wendet es sich dann auch anderen Menschen zu, entwickelt Zuneigung zu bestimmten Personen, geht Beziehungen und Bindungen ein.

Stark durch Liebe

Bekommt das Kind von Anfang an Liebe, dann stärkt dies sein Selbstbewusstsein und sein Selbstwertgefühl. Die aufmerksame Zuwendung der Eltern macht es stark und klug fürs Leben (siehe Kasten Seite 16). Der Nachwuchs lernt gleichsam, auch mit negativen Gefühlen und Erfahrungen umzugehen. Das ist sein Rüstzeug für Krisenzeiten. Er kann Negatives leichter verarbeiten und bewältigen, er ist dann den Anforderungen in Schule und Beruf besser gewachsen und ist in der Lage, in seinen persönlichen Beziehungen Verantwortung zu übernehmen. Ein Kind, das in einer liebevollen Familie aufwächst, strahlt Sicherheit aus, es bejaht das Leben und ist positiv gestimmt.

Klare Linien

Eine weitere wichtige Säule der Erziehung ist die Konsequenz. Was genau heißt das eigentlich? Die Antwort ist ganz einfach: Sie als Eltern müssen von Ihrem Tun überzeugt sein. Sie sollten geradlinig entscheiden und Regeln aufstellen, die eingehalten werden, sowie sinnvolle Anweisungen geben. Kinder brauchen konsequente Eltern. Und sie benötigen Klarheit und Festigkeit; das ist ihr Rahmen, das gibt ihrem Alltag Struktur. Nur so bekommen sie Halt und das Gefühl, sicher und gut aufgehoben zu sein. Kinder fordern die Konsequenz und Geradlinigkeit ihrer Eltern geradezu heraus; in bestimmten Phasen testen sie immer wieder aus, wie weit sie gehen können. Dann ist es an Ihnen, an Vater und Mutter, rechtzeitig Grenzen zu setzen. Kinder wollen diese elterliche Autorität spüren, sie brauchen das für ihren späteren Lebensweg. Sind Sie als Eltern nicht konsequent und überlassen Sie Ihre Kinder womöglich völlig sich selbst, dann werden diese extrem verunsichert. Sie vermissen die Orientierung und erleben ihre Eltern nicht als positives Vorbild mit einer starken, in sich gefestigten Persönlichkeit.

Das Summerhill-Modell: Pädagogische Konzepte, nach denen Kinder ganz frei, ganz sich selbst überlassen aufwachsen dürfen, scheinen nicht gerade erfolgreich zu sein. Man denke an die Zeit, in der die so genannte antiautoritäre Erziehung Mode war. Sie geht zurück auf Alexander Sutherland Neill, den Begründer der Summerhill-Schule, die heute von seiner Tochter geleitet wird. Diese englische Privatschule soll den Kindern helfen, Antworten darauf zu finden, wer sie sind und welche Rolle sie im Leben einmal wahrnehmen wollen. Der Besuch

Goldene Mitte

Nicht mit Strenge, sondern mit liebevoller Konsequenz erziehen moderne Eltern heute ihre Kinder. Wenn Sie ruhig und gelassen auf die Gefühle Ihres Kindes eingehen, ihm aber wenn notwendig auch seine Grenzen aufzeigen, dann liegen Sie richtig mit Ihrer Erziehung.

des Unterrichts ist nicht verpflichtend, die Schüler werden für das Fernbleiben vom Unterricht nicht bestraft. Das Summerhill-Modell kann man als Übertragung der antiautoritären Erziehung auf den Schulbereich bezeichnen. Es wird immer wieder heftig kritisiert. Denn bei diesem Konzept besteht die Gefahr, dass die Kinder regelrecht »verwildern«. Sie entscheiden selbst darüber, was sie tun und ob sie überhaupt etwas tun. Es gibt keine Regeln und Gesetze, an die sie sich halten können. Vielmehr führen die Kinder, die nach diesem Modell erzogen werden, ein Leben in einem ständigen Ausnahmezustand, ein Leben in Anarchie, in Planlosigkeit und Chaos.

Konsequenz gibt Orientierung

Liebevolle Konsequenz heißt also die bessere Maxime. Das ist die Grundlage, dank derer sich Ihr Kind zu einer liebenswerten, selbstbewussten und verantwortungsbewussten Persönlichkeit entwickeln kann. Natürlich können Sie auch einmal nachgiebig und nachlässig sein. Sie dürfen und sollen sogar Ihr Kind hier und da nach Herzenslust verwöhnen oder auch eine Anweisung aufheben. Denn Ausnahmen bestätigen die Regel. Auch muss Ihr Sprössling nicht immer nur der »Sonnenschein« der Familie sein; er kann nicht nur lieb, angepasst und folgsam sein, er darf sich auch einmal auflehnen und über die Stränge schlagen.

Streit gehört zum Leben

All dies gehört zweifelsohne zur kindlichen Entwicklung, zur Beziehung zwischen Eltern und Kindern dazu. Sie müssen deshalb nicht gleich befürchten, dass Sie etwas falsch machen oder gar in Ihrer Erziehung versagen. Auseinandersetzungen sind einfach Bestandteil des Erziehungsalltags, ohne sie geht es gar nicht. Aber selbst ein heftiger Streit, der den Haussegen tüchtig schief hängen lässt und die Familienharmonie völlig aus dem Gleichgewicht zu bringen droht, kann mit einer Art Streitkultur geführt werden, die auf dem Fundament von Liebe und Konsequenz ruht. Wie Sie diese Grundregeln in die Praxis umsetzen, erfahren Sie auf den folgenden Seiten.

Liebe macht Ihr Baby klug

Psychologen behaupten zu Recht, Zuwendung fördere die Entwicklung von Kindern. Diese profitieren davon auf körperlicher, seelischer und intellektueller Ebene.

Was elterliche Aufmerksamkeit bewirkt, zeigt ein Beispiel: Gebannt schaut die sechs Monate alte Anna auf das Gesicht ihres Vaters. Seine Grimassen, das Augenrollen, das Aufblähen der Wangen und das Herausstrecken der Zunge entlocken ihr lauter fröhliche Juchzer. Wenn Papa sie dazu noch an den Füßen krault oder ihre Ärmchen sanft knetet und knuddelt, ist das Baby kaum noch zu halten. Anna giggelt und gurgelt vor Vergnügen, sie streckt und dehnt ihren Körper und gibt sich selig den Liebkosungen ihres Papas hin.

Die Sinnesreize, die während des Spiels mit dem Vater über Haut, Augen und Ohren zu Annas Gehirn wandern, entfachen dort ein wahres Feuerwerk an Nervenaktivität. Die Stimulation von außen setzt eine Lawine chemischer und elektrischer Impulse in Gang, die das gigantische Netzwerk von weit über 100 Milliarden Gehirnzellen und

Die Umgebung entdecken

Nehmen Sie Ihr Baby doch einmal mit auf eine Reise durch Ihre Wohnung. Tragen Sie es auf dem Arm, lassen Sie es auf den Lichtschalter drücken, die Blätter einer Zimmerpflanze befühlen, ein Bild ausführlich betrachten. Zeigen Sie ihm, was alles im Kühlschrank steht und wie kalt die Luft im Innern ist. Geben Sie ihm ein paar Töpfe sowie einen Holzlöffel und lassen Sie es damit Schlagzeug spielen. Oder singen Sie einfach ein Lied und tanzen Sie mit ihm durch den Raum. Sie werden sehen, wie Ihr Kind mit allen Sinnen dabei ist!

✔ Beschäftigen Sie sich viel mit Ihrem Baby!

Psychologen haben herausgefunden, dass Kinder, die in einer positiven Gefühlswelt aufwuchsen, später viel ausgeglichener, selbstbewusster, kontaktfreudiger und kreativer sind als Kinder, die schon in einer frühen Lebensphase hohem emotionalem Stress oder gar Gefühlen von Ablehnung, Kälte und Gleichgültigkeit ausgesetzt waren. Eltern können ihrem Nachwuchs also gar nicht genug liebevolle Aufmerksamkeit zukommen lassen. Je mehr Anregungen Ihr Kind seinem Alter entsprechend erhält, je intensiver die Sinnesreize sind, die es durch Tasten, Spüren, Schmecken, Riechen und Hören bekommt, desto dichter und leistungsfähiger wird das Neuronennetz in seinem Köpfchen einmal sein. Im Umgang mit ihrem Baby machen die meisten Eltern aus ihrem Gefühl heraus genau das Richtige. Sie sind nämlich intuitive Lehrmeister, wie die Entwicklungspsychologen sagen. Zum Beispiel wenn sie ihr Kind ungefähr 20 Zentimeter von sich entfernt halten, wenn sie mit ihm sprechen; das ist die ideale Entfernung für Babys Augen, um alle Bewegungen im Gesicht gut zu erfassen. Sie sollten auch langsam und betont in einer für Babys Ohren optimalen Stimmlage sprechen sowie Worte häufig wiederholen. Das sind die besten Voraussetzungen für ein gutes Sprachverständnis und um rasch das Sprechen zu lernen.

Auch die vielen kleinen Gegebenheiten des Alltags tragen zur geistigen Reifung bei: Gegenstände, die das Baby betrachten und »begreifen« kann, Gerüche, die durch den Raum wehen, angenehme Töne aus der CD-Anlage, das Klingeln des Telefons, das Bewegungsspiel des Mobiles. Voraussetzung allerdings ist, dass die Eltern ihre Kinder möglichst früh diese Erfahrungen aus ihrer Umgebung machen lassen und sich viel Zeit nehmen, um ihnen alles zu erklären und anschaulich nahe zu bringen.

den dazugehörigen Nervenbahnen sehr schnell durchziehen. Durch diese Impulse werden die Nerven in einen Erregungszustand versetzt; sie schütten die so genannten Neurotransmitter aus, das sind spezielle Botenstoffe, die nicht nur dafür sorgen, dass die Verknüpfung neuer Nervenverbindungen gefördert wird, sondern auch dass bestehende Verschaltungen gefestigt werden. Den Vorgang der neuronalen Vernetzung bezeichnen Gehirnforscher als »Plastizität«. Das Gehirn wird durch Sinneseindrücke quasi geformt und strukturiert, es bildet unterschiedlichste Fähigkeiten aus. Je jünger ein Kind ist, desto rascher werden die neuronalen Strukturen geknüpft. Der Höhepunkt der Nervenvernetzung scheint ungefähr mit einem halben Jahr erreicht zu sein, also genau in Annas Alter. Gegen Ende des ersten Lebensjahres ist bereits ein Großteil der neuronalen Vernetzung abgeschlossen.

Dumme Babys?

Mit diesen Erkenntnissen ist auch eine Theorie aus den Zeiten unserer Großmütter von den »dummen« ersten drei Lebensmonaten eines Babys, in denen es nichts weiter kann als passiv herumzuliegen, zu schreien, zu trinken und in die Windeln zu nässen, vollkommen widerlegt. Schon Neugeborene verfügen über unterschiedliche, recht ausgeprägte Möglichkeiten der Wahrnehmung und des Ausdrucks: Sie können ihre Umwelt erkennen und einzelne Personen unterscheiden, sie vermögen Geräusche, Klänge und Gerüche aufzunehmen, ja sogar die Mimik nachzuahmen wie auch unterschiedliche Gefühle, zum Beispiel Ernst, Trauer oder Freude, zu erspüren. Zudem wissen die Babys sogar schon aus der Zeit im Mutterleib ziemlich genau, welches Umfeld ihnen gefühlsmäßig gut tut und welches sie belastet. Je mehr liebevolle Zuwendung ein Baby bekommt, je warmherziger und fürsorglicher seine Umgebung ist, desto günstiger beeinflusst dies seine geistige, körperliche und seelische Entwicklung.

Der richtige Erziehungsrahmen

Was sich in der Theorie meist ganz einfach anhört, ist oft gar nicht so leicht umzusetzen. Wir helfen Ihnen dabei. Sie haben bereits gelesen, dass im Grunde zwei Prinzipien wichtig sind: Liebe und Konsequenz. Beides sollten Sie in Ihrer Erziehung miteinander verbinden.

Das klingt simpel, fast so, als sei es das Selbstverständlichste von der Welt und problemlos im Alltag mit Ihrem Kind zu verwirklichen. Aber sicher haben Sie schon festgestellt, dass es doch schwieriger ist als es scheint, das wissen auch wir aus eigener Erfahrung. In der Praxis sieht nämlich alles ganz anders aus.

Da gibt es Momente, in denen man sein Kind am liebsten verwünschen würde, obwohl man es wirklich liebt. Bestimmt haben Sie das auch schon erlebt. Beispielsweise ist so manche Mutter oder mancher Vater vollkommen genervt, wenn der Nachwuchs immer nur am Essen herumnörgelt oder weil er ständig trotzig ist, wenn das Zimmer auch nach zig Ermahnungen einfach nicht aufgeräumt wird oder wenn Sohn oder Tochter keine Lust haben, am Wochenende mit der Familie etwas Schönes zu unternehmen und ihnen gerade deshalb permanent langweilig ist. Kennen Sie nicht auch das Gefühl, sich wie »der Dackel der Familie« vorzukommen, ausgenutzt und falsch verstanden, müde und abgekämpft?

Eines ist klar: Kindererziehung kann sehr anstrengend sein, sie bedeutet totale Inanspruchnahme, oft rund um die Uhr. Dennoch: Es gibt viele gute Lösungen. Sie können auch als Mutter und/oder Vater Erfüllung finden, in Ihrer Erziehungsarbeit erfolgreich sein und dabei Ihre eigene Stärke und Ausgeglichenheit bewahren. Das alles ist nur eine Frage der eigenen Programmierung und der Programmierung Ihres Kindes. Das Wort »Programmierung« hört sich nicht besonders schön an, aber tatsächlich findet täglich, in jeder Minute eine mehr oder weniger bewusste Programmierung zwischen Ihnen und Ihrem Kind statt, bei jedem Satz, den Sie sprechen, bei jedem Blick, den Sie austauschen, bei jeder Geste, die Sie ausführen. Auf den folgenden Seiten bekommen Sie die zehn wichtigsten Punkte an die Hand, die Ihnen helfen, stressfrei und harmonisch mit Ihrem Kind zu leben und es in positiver Weise auf dem Weg zum Erwachsenwerden zu begleiten.

1 Punkt 1: Zeit und Zuwendung

Eine kleine Alltagsgeschichte: Kilometerlanger Stau auf der Straße. Die Chance, dass Katharina B. noch vor Ladenschluss in den Supermarkt kommt, sinkt mit jeder Minute. Benjamin (4) quengelt auf dem Rücksitz. Zu Hause warten Berge von unerledigter Arbeit: Die Steuerbelege müssen geordnet werden, Hemden und Blusen gebügelt, der Kuchen für Oma und Opa gebacken und das Gästeklo geputzt werden – weil die Großeltern kommen. Und dann ruft auch noch der Liebste auf dem Handy an, um mitzuteilen, dass er sich am Abend mit Freunden zum Squash treffen werde.

»Großartig«, denkt Katharina, »wie er sich wieder aus der Verantwortung stiehlt ... er hätte sich wenigstens um den Kleinen kümmern können!« Die Stimmung der jungen Mutter sinkt auf den Nullpunkt, ihr Körper funkt nur noch ein Signal in ihr Bewusstsein: Stress, Stress, Stress! Und als der Junge zetert: »Mama, du bist blöd, du hast nie Zeit zum Spielen!«, ist die mit Job, Kind, Haushalt und Mann total überlastete Mama völlig mit den Nerven am Ende. Sie muss sich eingestehen, dass der Kleine eigentlich Recht hat, weil sie ja wirklich viel zu wenig für ihn da ist. Und wenn sie sich einmal mit ihm beschäftigt, dann immer nur mit halbem Herzen, denn zwischendurch muss meist schnell noch etwas anderes, ganz dringendes, erledigt werden. Während Katharina darüber nachdenkt, macht sich ein schlechtes Gewissen in ihr breit ...

So zeigt sich das Problem: Die Situation von Katharina B. ist ganz typisch für unsere heutige

Langeweile ist okay

Die heutige Zeit ist sehr schnelllebig, es gibt zu viel Hektik, als dass Eindrücke richtig wahrgenommen werden können. Wann hält Ihr Kind inne, wann darf es Erlebtes verarbeiten? Die Fähigkeit zur Muße, zur Kontemplation ist aber ungeheuer wichtig. Kinder brauchen diese Auszeiten in besonderem Maße für ihre gesunde geistige, seelische und körperliche Entwicklung.

Zeit. In vielen Familien sind beide Eltern berufstätig, Vater und Mutter müssen für den Lebensunterhalt aufkommen. Auch gibt es immer mehr Alleinerziehende – in Deutschland sind es bereits über zwei Millionen, Tendenz steigend. In einem Ein-Eltern-Haushalt lasten wirklich alle Pflichten und die ganze Verantwortung auf den Schultern der allein erziehenden Mutter oder des allein erziehenden Vaters. Alles muss unter einen Hut gebracht werden: Haushalt, Beruf und Kinderbetreuung. Eines bleibt da garantiert auf der Strecke: die Zeit für sich selbst! Wann soll sich ein allein erziehender Elternteil der Muße hingeben, wann kann er sich entspannt, ganz ohne Stress, einer Sache widmen, ohne ständig auf die Uhr zu blicken, ohne mit den Gedanken schon beim nächsten Termin, bei der nächsten Aufgabe zu sein, die erledigt werden muss? Die Atmosphäre ist stets hektisch, die Zeit meistens knapp. Viele Alleinerziehende fühlen sich überfordert und gestresst.

Und diese Probleme sind wahrlich nicht auf Alleinerziehende beschränkt. Auch in funktionierenden Elternbeziehungen halten mehr und mehr Stress und Hektik Einzug. Klar, dass ein Kind dann unausgeglichen ist und anfängt zu nerven. Unter solchen Bedingungen muss es zwangsläufig zu Spannungen und sogar Aggressionen kommen. Die meisten Mütter und Väter sind zwar bemüht, ihre Gereiztheit und innere Unruhe vor dem Sprössling zu verbergen, doch das hilft nicht viel: Das Kind spürt trotzdem, dass andere Dinge viel wichtiger sind als es selbst, und dass seine Bedürfnisse in den Hintergrund treten müssen.

Einfach Zeit haben ...

Vielleicht kommt auch Ihnen eine solche Situation bekannt vor: Sie gehen abends noch einmal mit dem Hund hinaus, atmen die frische Abendluft ein und freuen sich daran, welche herrlichen Düfte in der Luft liegen, wie ruhig alles ist – und vor allem wie schön es wäre, so etwas viel länger und öfter genießen zu können. Oder Sie gönnen sich einen kleinen Spaziergang und bleiben plötzlich stehen, völlig versunken in den Anblick einer schönen Blüte oder leiser Wellenbewegungen auf einem Teich. Oder wenn Sie doch einmal Zeit haben, mit Ihrem Kind zu malen oder mit ihm zu spielen, fühlen Sie sich vielleicht zurückversetzt in die eigene Kindheit. Sie erinnern sich daran, dass die Stunden die schönsten überhaupt waren, in denen Sie auf Mamas oder Opas Schoß sitzend spannende Geschichten vorgelesen bekamen oder mit Papa Papierdrachen basteln durften.

Damals, als Kind, hatten Sie wenigstens noch Zeit. Das ist nämlich ein Vorrecht der Kinder: alle Zeit der Welt zu haben, von vielen Menschen Aufmerksamkeit und Zuwendung zu bekommen, völlig vertieft zu sein ins Spiel, fantastische Träume zu erleben und dabei die Zeit zu vergessen, einfach herumzutrödeln und alles auszuprobieren – und sich manchmal sogar richtig zu langweilen.

Freizeitstress für Kinder

Heute, wo überall Leistung, Erfolg und Geld im Vordergrund stehen, gibt es das immer weniger. Nicht nur die Eltern sind ununterbrochen beschäftigt, auch schon die Kleinen haben heute einen vollen Terminkalender; da bleibt kaum noch Raum zum Spielen und Freisein. Täglich stehen anspruchsvolle Beschäftigungen auf dem Programm, von der musikalischen Früherziehung über sportliche Aktivitäten bis hin zu handwerklich-künstlerischem Unterricht wie Malen oder Töpfern – und das alles in der Freizeit. Die Kids sollen nichts auslassen, es soll ihnen alles geboten werden, meinen die Eltern und glauben, sie tun ihrem Nachwuchs damit etwas Gutes. Sie wollen ihm das richtige Rüstzeug fürs Leben mitgeben und alle Möglichkeiten, sich auszuleben, anbieten. Was eigentlich lieb und fürsorglich gedacht ist, kann jedoch das Gegenteil bewirken, nämlich Überforderung und Übersättigung. Denn auch hier müssen Grenzen eingehalten werden. Zu viele Aktivitäten und zu viel »Programm« bringt auch den Kindern Hektik; mehr Entspannung, mehr Zeit, sich mit sich selbst zu befassen, lässt sie eher in sich selbst ruhen und stark werden fürs spätere Leben mit hohen Anforderungen.

Das sollten Sie ändern: Schenken Sie Ihrem Kind möglichst viel Aufmerksamkeit! Widmen Sie ihm reichlich Zeit, und zwar ganz bewusst und intensiv. Machen Sie während der Beschäftigung mit Ihrem Kind nicht noch etwas anderes gleichzeitig, beispielsweise nebenbei schnell das Mittagessen zubereiten. Die Stunden oder Minuten mit Ihrem Kind sollten wirklich nur ihm allein gehören. Sie werden spüren, wie gut das Ihnen beiden tut! Oft reicht schon eine halbe Stunde, am besten mehrmals am Tag. Setzen Sie sich einfach zu Ihrem Sohn oder Ihrer Tochter, schauen Sie ihm/ihr beim Spielen zu und lassen Sie sich mit einbeziehen. Nehmen Sie Ihr Kind in den Arm, streicheln und liebkosen Sie es oder nehmen Sie es bei der Hand und gehen Sie mit ihm nach draußen. Ein kleiner Spaziergang durch den Garten und das Betrachten der Blumen und Sträucher kann Spaß machen. Hören Sie mit ihm zusammen schöne Musik oder ein altersgerechtes Hörspiel, musizieren und singen Sie selbst mit Ihrem Kind.

Malen und Basteln bringen Ihnen beiden ebenfalls Freude, wann immer und so oft Sie nur Zeit dazu haben. Gerade solche kreativen Tätigkeiten sind ungeheuer förderlich für Ihr Kind, seine Fantasie wird hervorragend angeregt. Auch gemeinsam in der Küche zu stehen, miteinander zu kochen, zu backen und am Kuchenteig zu naschen verbindet Sie und bereichert Ihren Sprössling; wählen Sie in gemeinsamer Absprache die Zutaten und Gewürze aus, das ist ein schönes Erlebnis. So geben Sie Ihrem Nachwuchs nicht nur

✔ Intensive Zuwendung durch Vorlesen

Die abendliche Märchen- oder Erzählstunde fördert die seelische und geistige Entwicklung von Kindern ganz besonders. Ihr Kind schläft besser ein und durch, seine Fantasie wird angeregt und sein sprachlicher Ausdruck verbessert:

- Durch das Erzählen oder Vorlesen entsteht ein intensiver Kontakt voller Wärme zwischen Kindern und Erwachsenen.
- Die Fantasie Ihres Kindes wird geweckt, es bekommt vielleicht Lust, selbst Geschichten zu erfinden.
- Das Kind lernt zuzuhören und sich zu konzentrieren. Das ist gerade heute, in Zeiten starker Reizüberflutung, besonders wichtig.
- Sinnvolle Geschichten vermitteln einen differenzierten Umgang mit Sprache und fördern das Sprechen und das Sprachverständnis.
- Gute Märchen stärken die Seele und zeigen sinnvolle Normen und Werte auf. Kinder lernen über die Verfehlungen der Märchengestalten, was gut und böse, richtig und falsch ist und wie man sich besser verhalten sollte. Märchen fördern die Kreativität, die Vorstellungskraft und die Intelligenz.
- Märchen spenden außerdem Trost, zum Beispiel wenn Kinder Kummer haben und sich gerade in der Nacht allein gelassen oder überfordert fühlen. Sie lernen durch die Märchen, dass sich die Sorgen fast immer auflösen. Das fördert ihren gesunden Schlaf.

liebevolle Zuwendung, sondern er profitiert auch davon für sein ganzes späteres Leben. Er kann viel von Ihnen lernen und seinen Erfahrungsschatz erweitern. Was gibt es Schöneres als Ihr Kind auf diese angenehme Weise zu fördern? Nicht zu vergessen ist ein ganz wichtiges Ritual, das Sie unbedingt als festen Bestandteil des Zubettbringens am Abend zelebrieren sollten: das Vorlesen oder Erzählen einer Gutenachtgeschichte!

2 Punkt 2: Zuhören und miteinander sprechen

Eine kleine Alltagsgeschichte: Der 9-jährige Lukas kommt von der Schule nach Hause und beschwert sich bei seiner Mutter: »Mama, meine Lehrerin ist total blöd!« Die Mutter ist gerade dabei, das Essen auf die Teller zu geben. »Warum ist sie total blöd?«“, fragt sie in Gedanken versunken, während sie die gefüllten Teller auf den Tisch stellt und das Besteck aus der Schublade holt. »Mauritz hat mich immerzu geärgert im Unterricht, er hat meinen Radiergummi weggenommen und mir den Stuhl weggezogen, als ich mich hinsetzen wollte. Meine Lehrerin hat gesehen, wie ich auf dem Boden saß und jetzt muss ich zur Strafe das Diktat noch mal abschreiben.« »Oh je«, sagt die Mutter, während sie sich an den Tisch setzt und mit dem Essen beginnt, »da hast du halt heute mal Pech gehabt.« »Das ist immer so, nur ich werde bestraft, die anderen nie!«, empört sich Lukas. »Das bildest du dir sicher nur ein, komm, iss jetzt, sonst wird dein Essen kalt«, entgegnet die Mama. »Nein, meine Lehrerin mag mich nicht, das weiß ich!« Und als Lukas weitererzählen möchte, klingelt das Telefon. Seine Mutter unterbricht die Mahlzeit, geht ins Wohnzimmer und nimmt den Hörer ab. Die letzten Worte ihres Sohnes hat sie gar nicht mehr gehört. Schweigend essen die beiden dann weiter. Lukas macht nun keinen Versuch mehr, seiner Mama von der Ungerechtigkeit in der Schule zu berichten. Er merkt, dass sie jetzt noch mehr mit ihren eigenen Gedanken beschäftigt ist. Danach geht der Junge in sein Zimmer, erledigt rasch die Hausaufgaben und spielt Lego. Er stellt mit seinen Figuren Kampfszenen nach. Von der »blöden«, ungerechten Lehrerin will die Mutter auch später nichts wissen, sie hat einfach zu viel zu tun.

So zeigt sich das Problem: Leider passiert es in Familien nur allzu häufig, dass die Eltern keine Zeit haben. Die Kinder wollen sich mitteilen, sie möchten Erlebtes unbedingt erzählen und ihre Sorgen Vater oder Mutter anvertrauen, aber die Eltern nehmen es gar nicht richtig zur Kenntnis. Sie hören nicht hin und konzentrieren sich auf andere Dinge. Es fehlt die Kommunikation, das Verständnis; manchmal reden Eltern und Kinder auch aneinander vorbei, falls sie überhaupt ins Gespräch kommen. Der Grund dafür ist

✔ Die richtigen Worte finden

Sich mit seinem Kind richtig zu verstehen und zu verständigen heißt auch, eine gemeinsame Kommunikationsebene zu finden. Viele Eltern fragen sich jedoch, wie sie überhaupt mit ihrem Kind sprechen sollen, wie sie sich auf seine Ebene begeben können. Das ist gar nicht so schwer: Sprechen Sie nicht in der verniedlichenden Babysprache oder – wenn Ihr Nachwuchs etwas älter ist – in der Kindersprache, sondern klar, mit einfachen Worten und in ganzen Sätzen. Außerdem sollten Sie darum bemüht sein, möglichst bildhaft zu reden, so wie auch Märchen aufgebaut sind. Bis etwa zu ihrem siebten Lebensjahr leben die Kinder in einer mythischen Welt voller Fantasie. Sie sind noch nicht so vom Intellekt gesteuert wie die Erwachsenen. Daher können sie mit einer bildhaften Sprache gut umgehen, Logik und Abstraktes verstehen sie noch nicht. Wenn Sie Ihrem Kind beispielsweise erklären müssen, dass die Oma gestorben ist, können Sie ihm vielleicht sagen, dass diese ihren Körper wie ein Kleid ausgezogen hat, ihre Seele aber in den Himmel zu den Engeln hinaufgeflogen ist.

meist – wie bei Punkt 1 (siehe Seite 19 ff.) – ein Mangel an Zeit. Die Mutter ist mit dem Haushalt und vielleicht auch noch mit der Versorgung weiterer Kinder sehr beschäftigt, sie muss das Essen kochen, die Wäsche waschen, die Wohnung oder das Haus putzen und aufräumen, sie muss die Einkäufe erledigen und die Post, außerdem gibt es Telefonate zu führen. Nicht selten finden Gespräche zwischen Mutter und Kind oft parallel zu diesen Tätigkeiten statt; die Mama hört dann nur mit halbem Ohr zu, sie ist unkonzentriert und mit ihren Gedanken ganz woanders, aber nicht bei ihrem Kind.

Mit dem Vater ergeht es dem Sprössling dann leider oft nicht anders: Der Papa kommt abends müde und hungrig von der Arbeit nach Hause und will seine Ruhe haben. Er möchte etwas essen, die Zeitung lesen oder fernsehen, ein Gespräch kommt da oft gar nicht zustande. Das Kind aber will sich mitteilen, es möchte über die Erlebnisse des Tages berichten, es hat in der Schule viel erlebt,

Hören Sie Ihrem Kind zu!

Wenn es von Ihnen als Eltern ernst genommen wird und mit Ihnen seine kleinen Sorgen besprechen kann, wird Ihr Kind als erwachsener Mensch in der Lage sein, Konflikte selbst zu lösen sowie anderen Hilfestellung geben zu können auf dem Weg der Problembewältigung. Zuhören zu können ist eine wichtige Fähigkeit, die den Umgang mit anderen sehr erleichtert.

sich beispielsweise eine Schürfwunde am Ellbogen zugezogen, einen Streit mit dem besten Freund gehabt oder Ähnliches. Der Vater aber hört nicht zu, er ist mit seinen Gedanken vielleicht noch in der Arbeit oder bei der Sportschau, die gerade im Fernsehen läuft.

Noch schlimmer ist es, wenn die gestressten Eltern ihrem Kind dann energisch das Wort abschneiden, es zur Ruhe ermahnen: »Sei still, ich bin müde, quatsch nicht so viel ...« Diese Reaktion ist zwar verständlich, vor allem nach einem langen Arbeitstag und wenn dann gleich mehrere Kinder auf Vater oder Mutter einstürmen, aber für den Nachwuchs ist das sehr enttäuschend. Wenn ein Kind nämlich das Gefühl hat, dass niemand ihm zuhört, dann glaubt es, nicht ernst genommen zu werden, überflüssig und sogar lästig zu sein. Es hat kein Vertrauen mehr und zieht sich mit seinen kleinen Sorgen und Nöten möglicherweise zurück. Dies ist für die kindliche Seele fatal.

Das sollten Sie ändern: Schenken Sie Ihrem Kind viel Zuwendung und hören Sie ihm zu! Seien Sie mit allen Sinnen bei ihm, vor allem aber mit Ihren Ohren. Ihr Kind hat das ganz natürliche Bedürfnis, sich Ihnen anzuvertrauen, denn Sie sind ja seine nächste Bezugsperson. Es möchte seine Probleme zur Sprache bringen. Je nachdem wie Sie auf seine Signale reagieren, fühlt es sich entweder angenommen oder es entsteht eine Kluft zwischen Ihnen und Ihrem Nachwuchs.

Zuhören sollten Sie sogar schon einem Baby. Das vermag zwar noch nicht zu reden, aber es sendet durch Weinen,

Schreien und Gesten auch schon deutliche Zeichen aus, die etwas über sein Befinden aussagen. Sie als Eltern lernen schnell, seine Botschaften zu deuten: Beispielsweise schreit es, wenn es hungrig ist oder Schmerzen hat. Auch wenn das Kind dann heranwächst und sich Ihnen – zunächst nur mit wenigen Worten – mitteilen kann, sollten Sie ganz aufmerksam zuhören. Nehmen Sie Ihr Kleines ernst, auch wenn seine kindliche Sprache für Sie vielleicht manchmal schwer verständlich ist. Achten Sie auch auf seine Bewegungen, seine Mimik und Gestik. Ein Gesichtsausdruck, ein Blick kann oftmals sehr viel ausdrücken. Auch das ist Kommunikation, und Sie können sicher sein: Ihr Kleines hat ein riesiges Mitteilungsbedürfnis. Das Mienenspiel und die Körperhaltung der neuen Erdenbürger sprechen oft Bände über ihre Befindlichkeit, ihre Gefühle und Gedanken.

Gehen Sie also in jedem Fall auf Ihr Kind ein, nehmen Sie sich genug Zeit für Gespräche aller Art. Auch wenn es Ihnen schwer fällt, weil die Zeit drängt, auch wenn Sie beim Blick auf die Uhr ganz nervös werden, weil noch so viel zu erledigen ist, muss es in Ihrem Leben Raum für Ihren Sprössling geben. Schenken Sie ihm während dieser Minuten oder Stunden Ihre volle Aufmerksamkeit und lassen Sie sich durch nichts ablenken. Kinder sind empfindsam und merken genau, ob Sie offenen Ohres sind oder nicht. In der Pädagogik wird dies mit dem Begriff des »aktiven Zuhörens« bezeichnet. Fragen Sie Ihr Kind, welche Bedürfnisse hinter dem stehen, was es Ihnen mitteilt. Dann sind Sie nicht einfach passiv, teilnahmslos oder womöglich schweigsam, sondern Sie interessieren sich für seine Belange.

Hilfe beim Reden, Hilfe beim Verarbeiten

Auch wenn Ihr Kind sich nicht ganz klar mitteilen kann, hören Sie sicher aus seinen Sätzen heraus, was ihm Sorgen bereitet. Helfen Sie ihm dann, sein Problem genau beim Namen zu nennen und es zu verarbeiten. Bieten Sie ihm eventuell auch Lösungsmöglichkeiten an, ohne es dabei jedoch zu etwas zu

✔ Fehler in der Eltern-Kind-Kommunikation ...

In seinem Buch »Das Geheimnis glücklicher Kinder« beschreibt der australische Psychologe und Familientherapeut Steve Biddulph drei Kardinalfehler, die Eltern bei der Kommunikation mit ihren Kindern immer wieder machen. Die wichtigsten sind in seinen Augen Bevormundung, Belehrung und Ablenkung.

Auf unser Beispiel mit dem kleinen Lukas, der sich von seiner Lehrerin ungerecht behandelt fühlt (siehe Seite 23 f.), übertragen, sind die folgenden drei Arten der Reaktion von Seiten der Mutter völlig falsch:

- ✘ Bevormundungs-Reaktion: »Ist die wirklich so schlimm zu dir? Also da werde ich beim nächsten Elternsprechtag aber mal ein Wörtchen mit ihr reden, darauf kannst du dich verlassen!«
- ✘ Belehrungs-Reaktion: »Wahrscheinlich bist du ja auch wirklich selber schuld. Sicher hat sie dich auf dem Kieker, weil du so viel schwätzt und im Unterricht nicht aufpasst!«
- ✘ Ablenkungs-Reaktion: »Komm, das wird schon nicht so schlimm sein, denk einfach nicht mehr daran. Wir essen jetzt noch einen leckeren Nachtisch und danach kannst du gleich zum Spielen gehen.«

Bei allen drei Reaktionen spricht ausschließlich die Mutter. Die Kommunikation ist zu einseitig, das Gespräch endet schnell. Die Mama »löst« das Problem stellvertretend für das Kind. Das Kind hat keine Chance, den Fall aus seiner Sicht darzustellen und seine Gefühle dabei auszudrücken.

zwingen. Das hilft Ihrem Kind. Es lernt, Konflikte aus der Welt zu schaffen und profitiert dadurch für sein ganzes Leben. Es wird konfliktfähig und weiß, dass es vor Problemen nicht davonlaufen muss. Lassen Sie es also mit seinen Nöten, Ängsten und Sorgen keinesfalls alleine fertig werden, das schafft Ihr Kind noch nicht.

Bestimmt wissen auch Sie als Erwachsener aus eigener Erfahrung, dass ein scheinbar unlösbares Problem viel leichter zu bewältigen ist, wenn man es mit jemandem bespricht. Dadurch, dass andere Perspektiven, andere Meinungen mit ins Spiel kommen, finden Sie den richtigen Weg, wie Sie Ihr Problem in den Griff bekommen können. Plötzlich scheint alles viel einfacher, und Sie sehen die Angelegenheit aus einem ganz anderen Blickwinkel. Es tauchen Lösungsmöglichkeiten auf, an die Sie vorher gar nicht gedacht hatten. Genau dies widerfährt auch Ihrem Kind, jedoch eher auf kindlicher Ebene, eben ganz in seiner Welt, an der Sie als Vater und Mutter teilhaben dürfen und sollten. Gerade deshalb sind die Gedanken Ihres Kindes jedoch nicht weniger wichtig und von Ihnen sehr ernst zu nehmen. Wenn Sie ein aktiver Gesprächspartner sind, einfühlsam und verständnisvoll, dann sind Sie für Ihr Kind gleichsam ein gutes Vorbild. Es hat so die besten Chancen, später, als Erwachsener, selbst einmal anderen zuhören zu können und ein Ohr für deren Probleme zu haben. Das ist eine sehr wertvolle Fähigkeit!

✔ … und wie es besser geht

»Aktives Zuhören« und eine gemeinsame Suche nach einer Lösung könnte vielleicht so aussehen:

Mutter: »Wie war es heute in der Schule?«

Lukas: »Ach blöd, Mami, die Lehrerin ist total ungerecht zu mir!«

Mutter: »Was ist denn genau passiert?«

Lukas: »Sie hat mich bestraft, obwohl Mauritz mich immer wieder geärgert hat … Jetzt muss ich zur Strafe das ganze Diktat noch mal abschreiben.«

Mutter: »Ja, das ist wirklich nicht schön. Kannst du dir vorstellen, warum deine Lehrerin das gemacht hat?«

Lukas: »Nein, ehrlich gesagt nicht … aber vielleicht mag sie mich nicht besonders.«

Mutter: »Warum sollte sie dich nicht mögen, gibt es dazu irgendeinen Anlass?«

Vielleicht kommt bei einem solchen oder ähnlichen Dialog zutage, was genau der Grund für die Reaktion der Lehrerin gewesen sein könnte. Die Mutter ermutigt ihren Sohn, den Fall am nächsten Tag mit seiner Lehrerin kurz zu besprechen. Das Diktat schreibt er trotzdem ab, weil es für ihn eine gute Übung ist.

Punkt 3: Missverständnisse ausräumen

Drei kleine Alltagsgeschichten

✔ Die eineinhalbjährige Lena wird, im Buggy festgeschnallt, während eines Spaziergangs abwechselnd von Mama und Papa gefahren. Ihre Eltern unterhalten sich sehr intensiv über den Job des Familienvaters. Lena fühlt sich unwohl in ihrer nassen Windel und beginnt zu weinen. Da die Eltern nicht reagieren, weint sie immer lauter, bis sie richtig brüllt. Die Mutter drückt ihr eine Salzbrezel in die Hand und sagt: »Wenn du Hunger hast, dann habe ich hier etwas extra für dich mitgenommen.« Die Eltern wollen ihr Gespräch fortsetzen, aber Lena gibt keine Ruhe ...

Richtig zuhören!

Hören Sie Ihrem Kind »aktiv« zu und gehen Sie auf seine Bedürfnisse ein. Versuchen Sie, sich in seine Gedankenwelt einzufühlen und in seiner Sprache zu sprechen. So fühlt sich Ihr Nachwuchs beachtet, ernst genommen und mit seinen Problemen nicht allein gelassen.

✔ Annemarie, fünf Jahre alt, hat in der Nacht etwas Schlimmes geträumt. Sie läuft hinüber in das Schlafzimmer ihrer Eltern. Da der Vater am nächsten Tag eine wichtige Besprechung hat und seinen Schlaf braucht, um dafür ausgeruht zu sein, springt die Mutter schnell aus dem Bett, nimmt ihre Tochter bei der Hand und führt sie hinüber ins Kinderzimmer mit den Worten: »Du musst ganz leise sein, Papa will schlafen!« Dann verlässt sie den Raum und legt sich leise wieder ins Ehebett. Annemarie jedoch fühlt sich völlig allein gelassen, sie sieht in ihrer Vorstellung noch immer das Monster aus ihrem Traum vor sich und beginnt erneut zu weinen ... Ihr fehlt der elterliche Trost, die Mutter denkt nicht an die seelische Not ihres Kindes, sondern vielmehr nur daran, dass der Vater unbehelligt bleibt.

✔ Der sechsjährige Marco, der die erste Klasse der Grundschule besucht, trödelt morgens immer herum. Mindestens zehn Minuten lang putzt er seine Zähne, das Anziehen dauert eine Ewigkeit und sein Frühstück verzehrt er mit solcher Langsamkeit, als wäre es eine besonders bedeutsame Zeremonie. Die Mutter, die vor vier Wochen ein weiteres Kind zur Welt gebracht hat, verabschiedet den Vater, der zur Arbeit muss. Marco ist noch immer nicht fertig; Mama übt nun Druck auf den Jungen aus: »Wenn du dich nicht beeilst, wirst du von den anderen ausgelacht, weil du zu spät kommst!« Eigentlich möchte ihr Sohn viel lieber zu Hause bei ihr bleiben. Das war schon im Kindergarten so. Das ist auch der Grund, warum er morgens keine Eile hat, fortzukommen. Zudem wird er von seinen Kameraden gehänselt, weil er noch so kindlich zu sein scheint. Die Mutter jedoch merkt und versteht das nicht, sie fragt auch nicht genau nach. Sie ist viel zu sehr mit ihrem Baby beschäftigt und schimpft jeden Tag aufs Neue, wenn Marco trödelt. Sie kann sich in die Welt ihres Sohnes einfach nicht einfühlen.

So zeigt sich das Problem: Auch Erwachsene kennen ähnliche Situationen, zum Beispiel in der Partnerschaft. Da sagt vielleicht die Frau zu ihrem Mann: »Liebling, ich möchte gerne mit dir ein wenig plaudern«, und sie setzt sich ganz nah neben ihn aufs Sofa, während er nach getaner Arbeit gemütlich seine Zeitung liest. Der Ehemann reagiert auch prompt abweisend, rutscht ein paar Zentimeter von seiner Frau weg und entgegnet: »Lass mich bloß mit deinen Geschichten in Ruhe!« Während sie Zuwendung und ein wenig Austausch erwartet, mit ihm über belanglose Dinge des Alltags plaudern möchte und so auch die Partnerschaft pflegen will, fühlt er sich bedrängt, seines Freiraums beraubt und trotz seines augenblicklichen Verlangens nach Ruhe von seiner Frau mit unwichtigen Belanglosigkeiten belästigt. Die Botschaften laufen aneinander vorbei, jeder sieht den anderen nur aus seinem Blickwinkel heraus; den beiden gelingt es nicht, die Gefühle und Bedürfnisse des Partners wirklich nachzuvollziehen.

Das ist eine ganz klassische Szene, die sich leider in vielen Beziehungen so oder ähnlich ständig wiederholt. Meist nehmen wir solche »Programmierungen« aus der Kindheit mit ins Erwachsenenalter. Unsere Eltern haben sie uns bereits vorgelebt. Sich wirklich zu verstehen will gelernt sein; Verständnis und Kommunikation spielen daher im Miteinander von Eltern sowie Kindern eine bedeutende Rolle, denn es prägt die Kleinen für ihr ganzes Leben.

Strafen machen alles noch schlimmer

Was die Missverständnisse und das Ignorieren der kindlichen Gefühlsbotschaften noch verschlimmert, sind Strafen, die nicht gerade selten folgen. Der Teufelskreis beginnt: Das Kind sendet Signale aus, es meldet Bedürfnisse an; es braucht den Schutz und das Verständnis der Eltern, wie in unseren Fallgeschichten Annemarie, die nach ihrem Albtraum getröstet werden will, damit sie wieder einschlafen kann oder Marco, der nicht in die Schule gehen möchte, weil er sich ohne seine Mutter einsam fühlt; das Kind weint, ist traurig oder wütend, die Eltern sind genervt und wollen ihre Ruhe haben. Schließlich zieht sich der Sprössling zurück.

Muss das immer so sein, geht es nicht auch anders? Die Wissenschaftsjournalistin und Autorin Katharina Zimmer schreibt in ihrem Buch »Versteh mich doch bitte«, dass Eltern es offensichtlich ganz normal fänden, ihrem Nachwuchs solch »massive Nichtachtungs- und Machtdemonstrationen« zuzumuten und dass wir selbst als Erwachsene angesichts solcher Auseinandersetzungen in »finsterste Depressionen oder Wut« gestürzt würden.

Das sollten Sie ändern: Sicherlich sind die wenigsten solche Rabeneltern, dass sie bewusst so unüberlegt reagieren und dadurch den Kindern wie auch sich selbst das Leben schwer machen. Aber offensichtlich ist es nicht leicht, sich richtig zu verstehen; das liegt nach Ansicht von Katharina Zimmer auch daran, dass eine »riesige Diskrepanz zwischen Eltern und Kind« bestünde, manchmal sogar eine gewisse »Fremdheit«. Trotz dieser Umstände können Sie als Eltern Zug um Zug lernen, die Kommunikation mit Ihrem Kind auf der Basis von Verständnis

✔ Die Grundmuster für Missverständnisse

Grundmuster der Eltern

✘ Die Eltern kennen die kindlichen Entwicklungsbedürfnisse nicht; sie meinen, seine Wahrnehmungsprozesse müssten ähnlich ablaufen wie bei den Erwachsenen, wenngleich ihnen klar ist, dass ein Baby oder Kleinkind noch nicht so weit sein kann wie ein älteres Geschwisterkind.

✘ Das Kind kann mit Ordnung und Zeit noch nicht umgehen; die Eltern sind allerdings der Meinung, es habe ebenso wie sie eine konkrete Vorstellung davon.

✘ Unsicherheit und mangelndes Vertrauen in die eigene Intuition; die Erziehung wird von äußeren Normen bestimmt, die Meinung und Ratschläge der Mitmenschen bestimmen den Umgang mit dem Nachwuchs.

✘ Signale des Kindes werden übergangen; die Eltern versuchen nicht einmal, diese zu verstehen.

✘ Wünsche und Sehnsüchte (zum Beispiel nach Zärtlichkeit und Geborgenheit) werden mit Bedürfnissen (zum Beispiel nach Essen und Trinken) verwechselt.

✘ (Unbewusste) Übertragung der eigenen Charakterzüge, Wünsche, Ängste und Erwartungen auf das Kind, zum Beispiel schulische Leistungen, die Vater oder Mutter früher selbst nicht erfüllen konnten, soll nun der Nachwuchs in besonderem Maße bringen.

Grundmuster des Kindes

✘ Die Welt eines Kindes ist voller Fantasie, oft fernab der Wirklichkeit. Das ist normal. Erwachsene können dies oft nicht nachvollziehen und zeigen Unverständnis.

✘ Die Sprache der Kinder ist anders als die der Erwachsenen. Sie ist oft unklar, unvollkommen und daher missverständlich. Die Kleinen versuchen, ihre Fantasien, Wünsche und Träumereien in Worte zu fassen, was aber nicht immer gelingt.

✘ Das Kind kann manchmal nicht klar ausdrücken, was es eigentlich fragen möchte. Es versteht die Welt noch nicht und ist daher darauf angewiesen, dass es im Zusammenspiel mit den Erwachsenen seine Fragen deutlich formulieren kann.

und liebevoller Zuwendung aufzubauen.

Ein Schlüssel dazu ist, dass Sie die wichtigsten »Grundmuster für Missverständnisse« erkennen (siehe Kasten Seite 33). Wenn Sie sich nämlich erst einmal vor Augen führen, welche Kräfte im Umgang mit Ihrem Kind wirken, werden Sie viel gelassener und geduldiger. Ihre Sensibilität und Einsicht werden verstärkt, Sie handeln dann weitaus weniger egoistisch und richten sich mehr nach den Bedürfnissen Ihres Kindes. Wenn Sie nicht gleich Erfolg haben mit Ihrer neuen Strategie, brauchen Sie Geduld und müssen Ihr Verhalten noch einmal überprüfen. Dies ist im Übrigen nicht ein Zeichen von Schwäche, sondern eher von Stärke und Reife. Sie nehmen dann sich selbst und Ihr Kind ernst. Es merkt dadurch, dass es Ihnen wichtig ist, dass Sie über seine Belange nachdenken und, wenn nötig, auch Ihre Einstellung ändern, damit es ihm gut geht.

Halten Sie sich deshalb an unsere »Programmpunkte«, schenken Sie Ihrem Kind Zeit und Zuwendung, sprechen Sie mit ihm aufmerksam und hören Sie ihm »aktiv« zu. Damit ist schon der Weg für das Verständnis bereitet, Missverständnisse braucht es nicht mehr zu geben. Wenn Sie dann noch anhand der typischen »Grundmuster für Missverständnisse« analysieren, wo bei Ihnen die Probleme in der Kommunikation liegen könnten, haben Sie einen ganz großen Schritt in Richtung Harmonie und Verstehen getan – Ihrem Kind zuliebe.

4 Punkt 4: Motivieren und Belohnen

Eine kleine Alltagsgeschichte: Helena ist drei Jahre alt und völlig begeistert vom Malen mit Fingerfarben. Zum Geburtstag bekommt sie von ihrem Onkel Pit vier weitere Farbtöpfe geschenkt, die sie sogleich ausprobieren möchte. Als die Mama sich mit Pit ein paar Fotos vom letzten gemeinsamen Familienurlaub ansieht, lässt Helena ihrer künstlerischen Fantasie ungestört freien Lauf, und sie entdeckt dabei, dass einige wenige bunte Farbtupfer die weiße Wand im Wohnzimmer wunderschön verzieren. Das Mädchen

Kleine Belohnungen

Es müssen nicht immer die »großen« Dinge sein, die Ihrem Kind als Belohnung Freude machen. Oft reichen schon kleine Gesten, die eher eine symbolische Bedeutung für »gut gemacht« haben. Ein »Sternchen« beispielsweise für die erledigten Hausaufgaben, ein Sticker oder Abziehbildchen fürs aufgeräumte Zimmer oder eine Murmel fürs gründliche Zähneputzen motivieren die Kids meist schon zum Weitermachen.

lacht aus vollem Herzen und erfreut sich so an ihren Farbkreationen, dass es diese sogleich begeistert der Mama und dem Onkel zeigt. Die Mutter jedoch reagiert mit Entsetzen, sie wird wütend und droht ihrer Tochter mit Strafe: »Wenn du das noch einmal machst, darfst du nie mehr malen. Du bekommst keine Stifte und auch keinen Farbkasten mehr!«

So zeigt sich das Problem: Kinder »funktionieren« in vielen Bereichen eben ganz anders als die Erwachsenen sich das vorstellen. Sie verteilen die Spielsachen im Kinderzimmer und finden es so herrlich gemütlich, sie stapeln alle Bücher und Hefte auf dem Schreibtisch und sind froh, dass sie diese gleich zur Hand haben, sie bemalen Möbel sowie Wände und erfreuen sich daran, sie schmieren Bastelkleber auf den Küchentisch und finden das gar nicht schlimm. Kinder wollen nun mal herumexperimentieren, sie sind von Natur aus kleine Forscher. Sie graben im Garten Löcher und machen Erdhaufen wie ein Maulwurf, sie konstruieren wackelige Baumhäuser, um es sich darin kuschelig einzurichten oder sie zerlegen Papas Kofferradio, damit sie herausfinden, was drin ist. Ganz besonders lieben sie es, wenn sie in Pfützen herumplanschen oder im Schlamm spielen können. Und die größeren Kids von heute haben noch weitaus mehr Wünsche: Sie wollen Computer spielen, den Fernseher am Wochenende den ganzen Tag laufen lassen, ein Fotohandy besitzen wie die anderen und am liebsten den ganzen Tag mit ihren Freunden zusammen sein.

Das alles ist für Eltern eine Herausforderung, viele sind überlastet damit, ihre Kinder anzuleiten und ihnen bestimmte Regeln beizubringen. Sie wollen nicht zu streng wirken, sie nicht einschränken und ihnen möglichst wenig Pflichten auferlegen. Eigentlich geht es doch nur darum, hin und wieder das Zimmer aufzuräumen, auf dem Schreibtisch für Ordnung zu sorgen, die Legobausteine in die Kiste zu werfen, die Stifte wieder ins Federmäppchen zu sortieren oder auch die für die Schule bereits frisch gebügelte Hose nicht gleich wieder schmutzig zu machen. Außerdem sollte der Fernseher nur für bestimmte »gute« Sendungen angeschaltet werden, der Computer täglich nur maximal eine Stunde laufen und ein Fotohandy – ach ja, das muss man wirklich nicht unbedingt haben, oder? Aber leider ist nicht jedes Kind so einsichtig, dass es ganz von selbst seine Wünsche einschränkt oder freiwillig vor dem Buddeln draußen im Garten die alte Trainingshose anzieht.

Wie also bringen Sie Ihrem Kind auf sanfte Weise, ganz ohne Zwang, bei, was gut, gesund und förderlich für seine Entwicklung ist? Bei fast allen Kindern müssen die Eltern irgendwie einen Weg finden, dass ungeliebte Arbeiten erledigt oder Vorschriften akzeptiert werden, ohne Trotzreaktionen hervorzurufen, zu streiten oder zu schimpfen. Viele Eltern drohen leider mit Strafe. Das ist jedoch garantiert der falsche Weg! Wenn es also wie in unserer kleinen Geschichte heißt »du darfst nicht mehr malen, wenn du die Wände beschmierst«, nimmt die Mutter dem Kind die Freude an seinem künstlerischen Schaffen.

Soziale Kompetenz fördern

Mit dem Entzug sozialer Kontakte zu bestrafen, ist ein weiterer Fehltritt in der Erziehung von Kindern, weil er die soziale Kompetenz der Kinder untergräbt. Drohungen wie »du darfst deine Freundin nicht besuchen, wenn du dein Zimmer nicht aufräumst« sollten also auch nicht ausgesprochen werden. Mit solchen Maßnahmen würden Sie Ihrem Kind sehr viel von dem wegnehmen, was für seine Ent-

✔ Motivation macht erfolgreich

Psychologen sagen, dass für den Erfolg im Leben die richtige Motivation mindestens genauso notwendig ist wie intellektuelle Fähigkeiten. Talente und Begabungen können nicht ausgelebt werden, wenn die Motivation fehlt. Menschen mit so genannter Erfolgsintelligenz haben meist frühzeitig, schon im Kindesalter, gelernt, sich selbst zu motivieren. Sie haben einen intuitiven inneren Antrieb und finden ihre Befriedigung durch gute Arbeit.

Diese Personen sind auch in der Lage, sich selbst für ihre Leistungen zu belohnen und daraus wiederum weitere Antriebs- und Schaffenskraft zu holen. Je mehr Sie als Eltern demnach Ihr Kind motivieren, desto besser wird es die wertvolle Fähigkeit der Selbstmotivation einmal beherrschen und desto erfolgreicher wird es später sein.

wicklung, Selbstverwirklichung und Gesundheit wichtig ist. Wenn nämlich ein Kind, das gerne malt, dies nicht mehr tun darf, dann vermag es sich in seiner Kreativität nicht mehr zu entfalten, und es kann seine Begabung nicht ausleben. Wenn es einem Kind außerdem aus irgendwelchen erzieherischen Gründen verboten wird, draußen zu spielen, dann ist das für seine Gesundheit ganz und gar nicht förderlich. Kinder sollen sich ja möglichst viel an der frischen Luft bewegen, dann sind sie abends ausgepowert und schlafen besser, zudem stärkt es ihr Immunsystem.

Das sollten Sie ändern: Viel besser als Strafen wirken Motivation und Belohnung. Damit erreichen Sie gleich mehrere Dinge auf einmal: Ihr Kind kann sich sehr gut entfalten, es lernt dabei, gewisse Tätigkeiten und Pflichten zu übernehmen und erfährt etwas Positives, nämlich eine Belohnung. Das Negative, die Strafe, bleibt ihm so erspart. So wird es gut auf sein späteres Leben vorbereitet. Dieses Vorgehen wird ihm helfen, in Kindergarten, Schule und Beruf ein bestimmtes Ziel anzustreben und es leichter zu erreichen. Es hat schon im Elternhaus gelernt, Pflichten zu übernehmen.

Motivieren Sie also Ihren Nachwuchs täglich neu, und erinnern Sie ihn gleichsam an notwendige Pflichten, beispielsweise indem Sie ihm sagen: »Du malst wunderschön, deine Bilder sind ganz toll. Ich möchte gerne, dass du nach dem Malen deine Pinsel und den Wasserbecher reinigst und die Farbkleckse entfernst.« Erklären Sie dazu Ihrem Kind, dass es ihm das nächste Mal viel mehr Spaß machen wird, wieder ein neues Bild anzufertigen, wenn es seine Stifte ordentlich sortiert in der Schachtel vorfindet, wenn die Pinsel sauber und nicht eingetrocknet sind und wenn es im Farbkasten keine Kleckse vom letzten Malen gibt. Als Belohnung, wenn es diese Regeln beherrscht, gibt es dann irgendwann ein paar neue Farben oder einen besonders schönen Farbkasten, wenn der alte nicht mehr zu gebrauchen ist. Oder Sie stellen ihm in Aussicht, demnächst ganz andere Farben kennen lernen zu dürfen. Eine weitere, schwierigere Maltechnik, beispielsweise mit Aquarell- oder Ölfarben, kann Ihren Sprössling anspornen und in seinem kreativen Schaffen unterstützen.

Motivierende Belohnung: immer einsetzbar

Diese Regel von Motivation und Belohnung können Sie für praktisch alle Erfordernisse des Alltags anwenden: »Natürlich darfst du draußen spielen, wenn du vorher alle Hausaufgaben erledigt hast.« Dann erklären Sie Ihrem Kind, dass es draußen dann noch fröhlicher sein kann, wenn es wirklich »frei« hat und nicht noch am Abend lernen muss, wenn es eigentlich müde ist. Eine kleine Belohnung könnte sein, dass die Familie mit ihm am Wochenende zum Schwimmen geht oder der Papa mit ihm eine Runde Fußball spielt – je nachdem, was die Vorlieben Ihres Kindes sind.

Oder: »Deine Freundin/dein Freund darf zu Besuch kommen, wenn dein Zimmer aufgeräumt ist.« Erklären Sie Ihrem Kind, dass es sich in einem ordentlichen Zimmer viel besser zusammen spielen lässt, weil dann beide mehr Platz haben und bestimmte Dinge besser finden können.

Punkt 5: Strukturen schaffen

Eine kleine Alltagsgeschichte: Es ist Mittagszeit. Miriam (6) und Roland (8) sind gerade von der Schule nach Hause gekommen. »Mama, ich hab tierischen Hunger!«, sagt Miriam, wirft ihren Schulranzen mitten ins Wohnzimmer und macht es sich auf dem Sofa gemütlich. Die Mutter Renate M. sitzt schon den ganzen Vormittag am Computer. Sie arbeitet als freie Texterin für eine Werbeagentur. Eiliger Auftrag, die Slogans müssen am nächsten Tag abgeliefert werden! Solche Phasen bedeuten für Renate Stress pur. Rasch geht sie in die Küche, macht den Kindern ein paar belegte Brote und setzt sich wieder in ihr Arbeitszimmer. Die Geschwister verschlingen die Brote vor dem Fernseher.

Erst nach einer Stunde merkt die Mutter, dass die beiden eine Talkshow ansehen, die für ihr Alter nicht geeignet ist. »Macht sofort den Fernseher aus, jetzt müssen erst die Hausaufgaben erledigt werden!« Als die Mutter die Tür des Arbeitszimmers wieder hinter sich geschlossen hat, packen die Kinder ihre Hefte und Bücher aus und erfüllen die schulischen Pflichten bäuchlings auf dem Wohnzimmerteppich. Der Fernseher läuft unterdessen tonlos weiter. Für den Rest des Tages verschwinden dann beide mit Freunden in ihren Zimmern. Nun sind Computerspiele an der Reihe.

Als der Vater am Abend von der Arbeit nach Hause kommt, begrüßt er seine Kinder kurz mit der Frage: »Wie war's in der Schule?« Ohne auf die Antwort zu warten, unterhält er sich nun mit seiner Frau ausführlich über deren Werbeslogans und versucht, ihr weitere Ideen zu liefern. Das Abendessen, etwas Salat mit Brot, nehmen die Eltern gemeinsam auf dem Sofa ein, Miriam und Roland machen es sich mit einer Limo, einem Schokojoghurt und einer Tüte Chips vor dem zweiten Fernseher im Gästezimmer gemütlich. Als die Sechsjährige gegen 22 Uhr plötzlich todmüde wird, ruft sie die Mama, weil sie jetzt ins Bett gehen möchte. Schließlich sei ja am nächsten Tag wieder Schule. »Zieh dich schon mal aus«, ruft diese und geht etwa nach einer Viertelstunde zu ihren Kindern, um sie zuzudecken und den ersehnten Gutenachtkuss zu geben. Auch an diesem Tag haben sowohl Miriam als auch Roland das Zähneputzen vergessen, weil sie zu müde dazu waren ...

So zeigt sich das Problem: In vielen Familien besteht die Schwierigkeit, dass der Alltag nicht richtig strukturiert ist und es keine klaren Vereinbarungen, keine festen Zeiten, zum Beispiel fürs Essen und Zubettgehen, kein geregeltes Miteinander gibt. Das prägt das Familienklima in hohem Maße! Der Nachwuchs erlebt unbewusst mit, dass sehr oft Chaos herrscht, dass die Alltagsgeschehnisse mitunter ziemlich planlos ablaufen. Daher sind Mutter und/oder Vater häufig nervös und überfordert. Sie reagieren auf vieles gereizt und übergehen sogar die Wünsche der Kinder.

Kinder brauchen aber feste Alltagsstrukturen, geregelte Essens- und Zubettgeh-Zeiten sowie bestimmte Rituale. Das vermittelt ihnen Sicherheit und Geborgenheit. Wenn sie in eine Familienordnung eingebettet sind, fühlen sie sich wohl. Kinder müssen spüren, dass die Eltern eine positive Autorität ausstrahlen. Für die Sprösslinge ist eine gewisse Ordnung nicht nur innerhalb der Familie wichtig, sondern auch in Kindergarten und Schule. Später, während der Ausbildung und im Beruf, können sie dann ebenfalls einen bestimmten Lebensrhythmus im Alltag beibehalten und dadurch wesentlich erfolgreicher sein.

Das heißt natürlich nicht, dass Sie zeitliche Abläufe und Strukturen im familiären Alltag so genau einhalten müssen wie

Pflichten übernehmen

Viele Kinder sind stolz darauf, wenn sie Mama kräftig im Haushalt mithelfen können. Aber nehmen Sie es mit der Sauberkeit dann nicht zu genau! Denn Ihr Sprössling putzt die Fenster sicher nicht streifenfrei sauber oder lässt auf dem Fliesenboden noch reichlich Staub liegen. Aus der Sicht Ihres Kindes jedoch ist alles wunderbar geputzt.

✔ Warum Rituale für Ihr Kind wichtig sind

Bei einem Ritual laufen bestimmte Dinge ganz regelmäßig, immer zur gleichen Zeit und in der gleichen Situation ab. Es ist wie eine Zeremonie, eine Handlungsweise, die allen bekannt ist. Jeder weiß, wie das Ritual zelebriert wird und dass er sich darauf verlassen kann. Der Vorgang ist immer der gleiche, alle halten sich an eine bestimmte Form. Genau das macht Rituale so wichtig, besonders für Kinder. Sie schaffen Verbindlichkeit und festigen dadurch die handelnden Personen. Kinder können sich orientieren und geborgen fühlen. Rituale gibt es eigentlich in unserem Alltag ständig, im Kleinen wie im Großen: Ihr Kind trinkt jeden Morgen seinen Kakao, die Mama ihre Tasse Kaffee, zum Abschied bekommt es immer einen Kuss, mittags wird gemeinsam gegessen, abends ist Kuscheln angesagt – und danach gibt's die Gutenachtgeschichte.

dies beim Militär der Fall ist; zwischendurch tut ein bisschen Spontaneität auch gut; einfach mal gar nichts planen, nur in den Tag hinein leben. So etwas können Sie in den Ferien oder auch am Wochenende machen: zu beliebiger Zeit essen, spät ins Bett gehen, wenn die Kinder am nächsten Tag ausschlafen können. Solche Ausnahmen darf es geben. Grundsätzlich aber sollte eine bestimmte Alltagsstruktur, die familiäre Ordnung, eingehalten werden.

Das sollten Sie ändern: Seien Sie auch was Struktur und Ordnung angeht ein gutes Vorbild für Ihr Kind. Machen Sie bestimmte Dinge gemeinsam und leben Sie positive Verhaltensweisen vor. Achten Sie dabei auf Regelmäßigkeit und Gleichmäßigkeit in den Abläufen. Das gibt Ihrem Nachwuchs Sicherheit und Orientierung. Schon bei den kleinen Dingen im Alltag geht es los: die Schuhe ausziehen, den Mantel oder die Jacke aufhängen, vor dem Essen die Hände waschen, am Abend die Zähne gründlich putzen. Ganz besonders wichtig ist das Einhalten regelmäßiger, gemeinsamer Mahlzeiten; auch Unternehmungen zusammen mit der Familie soll es geben, beispielsweise am Wochenende. Nicht unerwähnt bleiben dürfen die Familienfeste oder Besuche bei den Großeltern, bei Tante und Onkel, Cousins, Cousinen und entfernten Verwandten. All das lässt Ihr Kind den Zusammenhalt in der Familie spüren.

Darüber hinaus haben feste Rituale auch einen guten erzieherischen Effekt: Ihr Kind lernt, dass notwendige Arbeiten im Haushalt, beispielsweise das Tischdecken und Abräumen, das Staubwischen und Putzen, regelmäßig durchgeführt werden müssen. Natürlich putzt es auf seine Weise, je nachdem in welchem Alter es ist. Und auch wenn es nach der Hausarbeit Ihres Kindes nicht so sauber sein sollte, wie Sie es gerne hätten, freut es sich über ein Lob. Er darf nämlich ruhig schon gewisse kleine Pflichten übernehmen und damit seinen Beitrag zum Funktionieren in der Gemeinschaft leisten. Diese kleinen oder auch mitunter größeren Arbeiten in Haus und Garten lassen das Kind sinnvoll teilhaben am familiären Geschehen. Ihr Nachwuchs kann natürlich auch einmal etwas für andere erledigen, das stärkt seine soziale Kompetenz. Mit solchen Erledigungen überfordern Sie Ihr Kind nicht, keine Sorge. Im Gegenteil, die meisten Kinder übernehmen schon relativ früh recht gern solche Aufgaben. Mit der Zeit werden diese dann zur Selbstverständlichkeit.

6 Punkt 6: Grenzen setzen

Eine kleine Alltagsgeschichte: Die 13-jährige Maria sitzt am Spätnachmittag vor dem Fernseher und sieht sich eine peinlich-kitschige Seifenoper an. Da kommt die Mama, Claudia R., und fragt: »Maria, hast du eingekauft?« Das Mädchen schiebt einen Kaugummi in Zeitlupentempo im Mund hin und her, es lässt eine riesige grüne Blase vor seinem Mund entstehen und dann zerplatzen. Keine Antwort. »Hallo, ich habe etwas gefragt«, sagt die Mutter etwas lauter. »Was issn«, lautet die gnädige Antwort der Tochter. Claudia fühlt, wie allmählich Zorn in ihr aufsteigt: »Die Tomaten, den Schinken, den Käse für die Pizza! Du und dein Bruder, ihr wollt doch heute Abend Pizza essen!« Wieder zerplatzt unter lautem

Knall eine riesige grüne Kaugummiblase vor Sophies Gesicht. »Hör auf damit!«, brüllt Claudia. »Auf dich ist einfach kein Verlass! Nicht mal die leichtesten Aufgaben kannst du erledigen!« Maria rückt näher an den Fernseher heran, um nur ja alles von der Serie mitzubekommen. Von dem Gebrüll der Mutter scheint sie nichts zu hören. Claudia rennt zum TV-Gerät und drückt auf den Aus-Knopf. Maria ist entsetzt und maßlos enttäuscht: »Grade jetzt, wo's so spannend wird!« Unter Tränen rauscht sie aus dem Zimmer und knallt die Türe zu. Von oben ein Ruf des 8-jährigen Thomas: »Hey Mom, gibt's Stress?« Die Mutter: »Ja, sie hat nichts eingekauft! Das müssen wir beide jetzt erledigen, komm, zieh dich an.« »Nee, keine Zeit. Bloß weil die zu faul ist ... bin grad am PC – super Spiel, hab keine Lust.« »Okay, dann geh ich eben alleine zum Supermarkt, aber das nächste Mal ...«

So zeigt sich das Problem: Kinder provozieren gerne. Immer wieder testen sie aus, wie weit sie gehen dürfen. Die Erwachsenen reagieren auf solche Provokationen wie in der obigen Fallgeschichte oft unsicher, sind hilflos, ohnmächtig und wütend. Schlimmstenfalls geben sie am Schluss nach. So wie Claudia R. reagieren vielleicht auch Sie manchmal sehr ärgerlich und haben keine Ahnung, wie Sie die Kinder zur Vernunft bringen können. Viele nehmen das schlechte Benehmen ihrer Sprösslinge, ihre Frechheiten oder ihre Ignoranz entweder schweigend hin, oder sie flippen aus, schreien und toben. Sie vermitteln ihren Kindern dadurch das Gefühl, dass sie selbst nicht wissen, was sie tun sollen. Natürlich ist das genau die falsche Reaktion! Eltern dürfen sehr wohl Schwächen zeigen und selbstverständlich Gefühle haben. Auch emotionale Ausbrüche dürfen mal vorkommen, das ist ja nur menschlich. Schließlich sind sie nicht unfehlbar, nur weil sie als Vater oder Mutter fungieren. Trotzdem müssen Kinder die Kraft ihrer Eltern spüren; sie sollen im rechten Moment gebremst werden und die Überlegenheit der Erwachsenen merken. Die Eltern müssen Willensstärke beweisen und sich durchsetzen können. Denn ansonsten tanzen die Kinder ihnen auf der Nase herum, sie probieren stets aufs Neue aus, wo die Grenzen sind und wollen sie mehr und mehr überschreiten. Auch wenn die Kids irgendwie fühlen, dass ihnen das nicht gerade gut tut, treiben sie es doch immer wieder auf die Spitze.

Das sollten Sie ändern: Treten Sie Ihrem Kind gegenüber selbstsicher und bestimmt auf. Das muss nicht heißen, dass Sie ihm das Gefühl geben, Sie seien über alles erhaben. Mit Selbstsicherheit ist gemeint, dass Sie sich Ihrer Erzieherrolle mit all ihren Pflichten bewusst sind und diese gerne annehmen. Das sollte Ihrem Kind klar sein. Bleiben Sie vor allem gelassen, wenn Ihr Kind Sie provozieren will. Reagieren Sie ruhig, so ist das ein Zeichen von »Ichstärke«. Schon durch Ihr Auftreten, Ihre Körperhaltung, Ihre Worte und Gesten muss Ihr Kind spüren, dass Sie der »Steuermann« sind und dass Sie es sind, die in der Familie die Regeln festsetzen. Der Nachwuchs hat diese einzuhalten. In Ihrer Erziehung äußern Sie nicht etwa Bitten gegenüber Ihrem Kind, über die man diskutieren könnte.

Nein, Sie haben klare Forderungen, geben klare Anweisungen und stellen klare Aufgaben. Da gibt es nichts zu feilschen oder zu verhandeln. Bringen Sie diese Klarheit und Bestimmtheit auch wirklich zum Ausdruck! Unterbrechen Sie Ihre augenblickliche Tätigkeit, gehen Sie

Sagen Sie auch mal nein

Grenzen setzen heißt nicht, falsches Handeln zu bestrafen. Strafen sind nämlich kein geeignetes Mittel, um Kinder zur Erfüllung gewisser Pflichten zu bringen. Im Gegenteil: Sie provozieren eher noch mehr Widerstand und Trotz, obendrein hinterlassen sie eine negative Stimmung. Wenn Sie Ihr Kind tadeln, dann zeigen Sie ihm, dass Sie es nicht allgemein kritisieren, sondern dass die Rüge nur für das spezielle Fehlverhalten gilt. Verweisen Sie dabei auch auf die positiven Eigenschaften Ihres Sprösslings. Dann kann er sein Verhalten leichter korrigieren.

auf direktem Weg zu Ihrem Kind, sprechen Sie es an und blicken Sie ihm dabei in die Augen. Ihre Worte müssen unmissverständlich sein, beispielsweise: »Ich möchte, dass du das jetzt tust!« Versichern Sie sich, dass Ihr Kind die Botschaft verstanden hat, indem Sie fragen: »Hast du mich verstanden?« Fordern Sie dann auch noch eine Antwort ein. Reagiert Ihr Kind trotzig und verweigert es die Antwort oder wird es frech und schimpft herum, dann müssen Sie stark und klar bleiben. Manchmal scheint es gar nicht möglich, zu dem Kinde durchzudringen. Setzen Sie aber dennoch deutlich Grenzen! Das ist zwar anstrengend, aber langfristig Erfolg versprechend.

Harte Zeiten

Besonders schwer ist es, wenn Ihre Tochter oder Ihr Sohn in ein Alter kommt, wo sie/er sich den Eltern mehr und mehr entzieht. Das geschieht in der Zeit vor und während der Pubertät. Da kann es für Vater und Mutter richtig schwierige Momente geben, zum Beispiel wenn der trotzige, sich allem widersetzende Teenager mit seiner eigensinnigen Art das gesamte Familiengefüge zu sprengen droht. Das ist in unserer kleinen Alltagsgeschichte der Fall. Schließlich kann Claudia R. ihre 13-jährige Tochter Maria nicht mit Gewalt in den Supermarkt schleppen. Vielmehr sollte sie der widerspenstigen Tochter klar aufzeigen, dass diese die Grenzen in ganz vielen Punkten überschritten hat: sie war unhöflich, hat den Blick vom Fernseher nicht abgewendet und provozierend Kaugummiblasen zerplatzen lassen, wohl wissend, dass ihre Mutter so etwas nicht ausstehen kann. Sie hat so getan als würde sie die Mama einfach nicht hören. Zudem hat sie ihre Pflicht, nämlich das Einkaufen, so wie es vorher abgesprochen war, nicht eingehalten. Schließlich war es Maria, die Pizza zum Essen haben wollte.

Das Mädchen müsste eigentlich an der Reaktion der Mutter ganz klar erkennen und verstehen können, dass es Fehler gemacht hat. Es sollte auch für die Folgen die Verantwortung übernehmen. Claudia R., die Mama in unserer Geschichte, hat nicht

✔ Verschaffen Sie sich Respekt!

Nur wenn Sie eine starke Persönlichkeit sind, werden Sie von anderen geachtet und beachtet – natürlich auch von Ihren Kindern. Diese Regel gilt ganz besonders für Mütter; Frauen haben nämlich mit der Beachtung durch andere oft größere Schwierigkeiten als Männer. Wenn Sie selbst Ihre Leistungen wertschätzen, wenn Sie stolz auf das sind, was Sie alles bewältigen und schaffen können, wie Sie den Herausforderungen und Aufgaben gewachsen sind, dann werden auch Ihre Kinder stolz auf Sie sein und Sie respektieren. Das heißt nicht, dass Sie immer im Mittelpunkt stehen müssen und ständig Anerkennung brauchen, sondern es ist eine gewisse grundsätzliche Haltung, die Stärke und innere Ausgeglichenheit zeigt. Sicher leisten Sie viel. Immerhin haben Sie mehrere Aufgaben zu meistern, den Haushalt, die Kinder, die Familie, vielleicht noch einen anstrengenden Beruf. Seien Sie also selbstbewusst, lassen Sie sich nicht klein machen und bewerten Sie Ihre Leistungen selbst hoch. So zeigen Sie Ihrem Umfeld, auch Ihren Kindern, dass Sie einen wichtigen Platz im Leben haben und großen Respekt verdienen.

konsequent reagiert. Nicht die Mutter, die ohnehin schon viel zu tun hat, sollte zum Einkaufen gehen. Wenn die Tochter sich weigert – das Gleiche gilt natürlich auch für den Sohn – die Zutaten zu holen, dann gibt es eben keine Pizza. Das Mädchen straft sich damit selbst, und das ist eigentlich der beste Lehrmeister. Das nächste Mal wird es sich dann sehr wohl überlegen, ob es nicht doch besser in den Supermarkt geht und die Zutaten holt.

Natürlich gelingt das Setzen von Grenzen nicht immer so leicht. Es ist nämlich recht schwer, die Kids auf den richtigen Weg zu bringen. Manchmal sind die Eltern schier am Verzweifeln in der Auseinandersetzung mit ihren Kindern. Sie als Vater oder Mutter sollten dennoch immer wieder Ihre eigenen Verhaltensmuster überprüfen und nötigenfalls auch ändern. Die Mühe lohnt sich! Treten Sie Ihrem Kind gegenüber entschlossen und bestimmt auf, drohen Sie nicht mit Strafen, sondern locken Sie mit Belohnungen, in unserem Fall von Claudia R. mit einer leckeren, selbst gemachten Pizza.

Vom eigenen Tun überzeugt sein

Als Fundament für Ihre konsequente und gleichsam liebevolle Erziehung dient Ihnen ein hohes Maß an Selbstsicherheit und Selbstachtung. Wenn Sie als Eltern von der Gültigkeit Ihrer eigenen Regeln überzeugt sind, sich innerlich gefestigt und stark fühlen, dann strahlen Sie das auch in Ihr Umfeld aus. Ihr Kind wird Ihnen sogar dankbar dafür sein. Natürlich fliegen bei einer Auseinandersetzung mal so richtig die Fetzen! Ihr Kind muss merken, dass Sie es ernst meinen und nicht locker lassen. Hinterher jedoch glätten sich die Wogen wieder und Sie sind dabei dennoch konsequent geblieben. Ihr Nachwuchs erkennt das an und ist dann vielleicht sogar besonders nett und liebenswert. Und wenn die »Luft wieder rein« ist, folgt nicht selten der Satz: »Ach Mami, ich hab' dich ja soooo lieb!«

Punkt 7: Freiräume gewähren

Eine kleine Alltagsgeschichte: Kathrin K. hört von einer Freundin, dass es in ihrem Wohnort einen Yogakurs für Kinder gibt. »Das ist genau das Richtige für meinen Jakob«, meint die allein erziehende Mutter, »vielleicht bekommt er dadurch ein bisschen mehr innere Ruhe und ist vor Klassenarbeiten nicht mehr so aufgeregt.« Als Kathrin bei der Yogalehrerin anruft, um zu erfahren, wann der Kurs stattfindet, führt sie mit dieser ein längeres Gespräch. Dabei stellt sich auch heraus, dass Jakob (7) eigentlich gar keine Zeit für eine weitere Freizeitbeschäftigung hat. Jeder Tag des Buben ist total verplant; am Vormittag druckt er die Schulbank, nachmittags hat er dann ein volles Programm: montags Klavierstunde, am Dienstag Taekwondo, danach noch Tennisunterricht. Der Mittwoch ist für die Nachhilfe in Deutsch vorgesehen, am Donnerstag findet wieder ein Taekwondo-Kurs statt. Schließlich bereitet sich Jakob gerade auf den grünen Gürtel vor! Am Freitag holt ihn meist der Vater, der im Nachbarort wohnt, schon gleich nach der Schule ab, um mit ihm das Wochenende zu verbringen. Papa will es seinem Kind schön machen. Daher gibt es wieder jede Menge Aktivitäten: Besuche bei den Großeltern, Ausflüge mit der neuen Freundin des Vaters, Fußballspielen, Tennis, Schwimmen und noch einiges mehr. Für die Hausaufgaben bleibt bei einem solchen Wochenpensum eigentlich nur wenig Raum.

Kein Wunder also, dass der Junge vor Proben aufgeregt ist und inzwischen kaum mehr Zeit hat, in Ruhe etwas zu essen. Auch sonst ist er ständig nervös. Mittlerweile ist sein sehnlichster Wunsch nach eigenen Worten »ein richtiges Zuhause«. Während des Gesprächs mit der Yogalehrerin wird Katharina klar, dass beide Eltern – auch wenn sie getrennt leben – einiges ändern müssen in Jakobs Tagesablauf und dass das Kind viel mehr Zeit für sich braucht.

So zeigt sich das Problem: Kinder haben heute oft Terminkalender, die so ausgefüllt sind wie der eines Managers. Nicht nur die Zeit im Kindergarten oder auf der Schulbank, sondern auch die ganze Freizeit ist verplant. Gegen Aktivitäten wie Musikunterricht oder eine bestimmte Sportart, die Freude macht, ist nichts einzuwenden – solange dem Kind auch noch Freiraum bleibt. Es ist schon wichtig, dass die Kinder besonders in Zeiten wachsenden Konkurrenzdrucks gut ausgebildet werden. Dies gelingt vor allem in einer Phase, wo sie noch eine gute und schnelle Aufnahmebereitschaft haben, also im Kindergarten- und Schulalter, sehr gut. Viele Pädagogen und Entwicklungspsychologen sagen

Auszeiten nehmen

Versuchen Sie, Ihrem Kind jeden Tag eine Auszeit zu ermöglichen. Während dieser hat es keine Verpflichtungen, keine Aufgaben zu erledigen. Dies tut übrigens auch Ihnen, den Eltern, sehr gut. Sie werden sehen, dass Sie in den Stunden des zwanglosen Müßiggangs ungeheuer viel Kraft tanken und dann wieder mit umso mehr Energie an Ihre Arbeit gehen können.

deshalb auch, man solle mit einer Vorschulerziehung möglichst früh beginnen und den Lernstoff schon in ganz jungen Jahren an die Kinder heranführen. Auf spielerische, lockere Weise kann man ihnen nämlich viel Wissen vermitteln.

Leistungsdruck – schon bei den Kleinen

Aber dies hat einen großen Nachteil: Kinder von heute stehen nicht selten unter großem Stress; Entspannung und Ruhe kommen viel zu kurz. In so mancher Familie wird dem Nachwuchs sehr viel abverlangt, er steht unter massivem Leistungsdruck und muss täglich zahlreiche Termine einhalten. Die Erwartungen an die Kinder sind oft gigantisch, sei es, dass sie eines Tages einmal genauso erfolgreich sein sollen wie der Vater, sei es, dass ein viel beschäftigter, allein erziehender Elternteil kaum Zeit hat und das Kind schon in jungen Jahren sein Leben relativ selbstständig meistern muss.

In solchen Lebenssituationen bleibt oft kein Raum für einen entspannenden Ausgleich. Die Eltern können nicht einmal ein paar Mußestunden mit ihrem Kind verbringen. Zu sehr sind sie mit ihrer Karriere und vielen organisatorischen Dingen beschäftigt.

Dabei würde es gerade den ausgepowerten Eltern, zusammen mit ihren Kindern, gut tun, öfter mal in ganz entspannter Atmosphäre den Tag zu genießen. Nervosität, Anspannung und Hektik jedoch übertragen sich oft automatisch auf die Kinder; die sind nämlich sehr sensibel und haben extrem feine Antennen für die Gefühlslagen der Eltern. Kinder – und auch die Eltern – brauchen aber Freiräume, Zeit für ihre Entfaltung, Zeit um sich zu erholen, zu entspannen, die Seele baumeln zu lassen, zu spielen und der Fantasie freien Lauf zu lassen. Wie schön ist es doch, sich ganz den eigenen Träumen hinzugeben, ohne dabei ständig auf die Uhr schauen zu müssen, ohne dass die Mama gleich mahnt: »Zieh dich an, wir müssen jetzt zum Taekwondo.« Ist nicht eine der schönsten und wichtigsten Beschäftigungen Ihres Kindes, völlig unbeschwert herumzutollen und zu spielen? Spielen ist so wichtig für Ihr Kind, in vielerlei Hinsicht (siehe auch Kasten Seite 51).

Astrid Lindgren, die berühmte Kinderbuchautorin, schrieb in ihrem autobiographischen Buch »Das entschwundene Land« Folgendes über ihre Kindheit: »Und wir spielten und spielten und spielten. Ich wundere mich heute noch, dass wir uns nicht tot gespielt haben.« Spielen, das ist der wahre Freiraum für Kinder, das ist die Zeit, in der sie ihre Kräfte entfalten, ausprobieren und erforschen dürfen, in der sie in Fantasiewelten eintauchen. Es gibt kein Kind auf der ganzen Welt, das nicht gerne spielt. Leider scheinen die Kleinen von heute das freie Spielen immer mehr zu verlernen. Und die Eltern wissen nicht mehr, wie sie mit ihrem Nachwuchs spielen oder wie sie einfach nur mit ihm zusammen sein sollen.

Warum bummeln sie nicht einmal in den Tag hinein, ganz ausgiebig, in meditativer Weise, warum genießen sie nicht hie und da das Nichtstun? Dies kann durchaus in einer »aktiven« Form passieren, nämlich indem Erwachsene und Kinder die freie Zeit miteinander verbringen und sie gemeinsam erleben. Aber nein, heutzutage erleben die Kinder das Nichtstun meist passiv, zum Beispiel vor dem Fernseher. Bieten Sie Ihrem Kind etwas Sinnvolles an, erzählen Sie ihm abends eine selbst erfundene Gutenachtgeschichte oder unternehmen Sie gemeinsam einen Spaziergang an der frischen Luft. Basteln Sie, malen Sie mit Ihrem Sprössling, das ist lehrreicher und erfüllender als vor der Flimmerkiste oder dem Computer zu sitzen, das ist besser als das weit verbreitete Spielen mit dem Gameboy.

Gefährliche Glotze

Fernsehen scheint für viele Kinder und Jugendliche die wichtigste Freizeitbeschäftigung zu sein, dies belegen amerikanische Studien. Bis zu drei Stunden täglich schauen die Kinder in die Glotze. Sie schalten wahllos von einem Programm zum anderen und achten nicht einmal darauf, was sie überhaupt sehen. Kopfschmerzen, Konzentrations- und Schlafstörungen, innere Unruhe, Nervosität, Aggressionen und Schulprobleme sind nicht selten die Folge des übermäßigen Fernsehens. Und das Schlimmste ist, dass die Kids durch die aggressionsgeladenen Abenteuer- und Actionfilme sowie auch die Comicstreifen in ihrer freien Entfaltung und Fantasie blockiert werden. Die Bilder, die übrigens im Allgemeinen keinen pädagogischen Sinn haben, sind bereits vorgegeben, der Nachwuchs lässt sich davon lediglich berieseln. Solche Filme fördern die geistige Entwicklung der Kinder in keinerlei Hinsicht. Man hat festgestellt, dass Fünf- und Sechsjährige mit hohem Fernsehkonsum nicht einmal in der Lage sind, der »Sendung mit der Maus« zu folgen – sie stellt für sie zu hohe Anforderungen an die Konzentration. Zudem schafft die Flimmerkiste nicht wirklich einen Freiraum, sie bringt keine echte Entspan-

✔ So gut ist Spielen für Ihr Kind

Lassen Sie Ihr Kind möglichst viel spielen! Dadurch wird seine Fantasie gefördert, und Ihr Nachwuchs entwickelt bestimmte Handlungsweisen sehr intensiv. Außerdem lernt er viel dabei – und sogar »spielend leicht«. Auf neu erworbenes Wissen und Können ist er dann auch entsprechend stolz. Ihr Baby zum Beispiel erforscht und entdeckt seine Fingerchen, merkt, dass es diese in den Mund stecken kann und sogar etwas zu greifen vermag. Welch große Freude empfindet der Säugling dabei! Nach einigen Monaten dann die ersten selbstständigen Schritte. Welch ein Hochgefühl für Eltern und Kind! Ihr Kleines hat ja seit seiner Entstehung Gefühle und emotionale Bedürfnisse. Es kann in der Gefühlswelt seiner Eltern mitschwingen und umgekehrt. Daher bereichert das gemeinsame Spielen und die gegenseitige Zuwendung das Leben von Eltern und Kindern ungeheuer. Lassen Sie sich auf das Spiel Ihres Kindes ein, tauchen Sie zusammen mit ihm ein ins Reich der Fantasie und lassen Sie sich dabei von den Bedürfnissen Ihres Kindes leiten. Sie werden sehen, es ist eine wunderbare Welt, voller schöner Illusionen. Stellen Sie Ihre eigenen Ideen in den Hintergrund, das lässt Ihrem Kind die Möglichkeit zu freier Entwicklung. Und Sie geben ihm die Chance, ein glückliches Kind zu sein.

nung. Um Kraft zu tanken, brauchen Kinder die Natur und ihre Fantasie, um auf andere, neue Gedanken zu kommen. Dann macht auch die Schule mit ihren intellektuellen Anforderungen wieder Spaß.

Das sollten Sie ändern: Natürlich sind Sie aufgrund Ihrer täglichen Pflichten bestimmten Zwängen ausgesetzt. Sie müssen verschiedene Termine einhalten, Ihr Kind soll in den Kindergarten oder in die Schule gebracht werden, wahrscheinlich haben Sie einen Job und einen Haushalt. All das erledigt sich natürlich nicht von selbst. Am Nachmittag müssen Sie dann darauf achten, dass Ihr Kind die Hausaufgaben macht, dass es seine Stücke für die nächste Klavierstunde übt, dass sein Trainingsanzug und seine Turnschuhe für die Tennisstunde parat sind und vieles mehr. Trotz dieser zahlreichen Anforderungen und Verpflichtungen sollte es Ihnen irgendwie noch gelingen, dass auch Muße und Entspannung nicht zu kurz kommen. Das nützt sowohl Ihnen als auch Ihrem Kind.

Schaffen Sie Freiräume für sich selbst und für Ihren Sprössling! Achten Sie darauf, dass täglich etwas Zeit übrig ist, in der jeder wirklich machen kann, was er will, völlig ungeplant, ganz den eigenen Vorstellungen und Wünschen entsprechend (siehe auch Punkt 10: »Auszeiten nehmen« auf Seite 61 ff.). Während dieser Zeit darf Ihr Kind ungestört spielen und einfach nach Herzenslust nur das tun, wonach ihm der Sinn steht.

8 Punkt 8: Fehlverhalten aufzeigen

Eine kleine Alltagsgeschichte: Lisa (7) hat zum Geburtstag endlich den lang ersehnten Füller mit Delfinen bekommen. Stolz nimmt sie ihn am nächsten Tag mit in die Schule. Als sie nach Hause kommt und das Schreibutensil aus dem Federmäppchen holen will, ist dieses jedoch nicht zu finden. Traurig geht das Mädchen zur Mama und erzählt ihr, dass der nagelneue Geburtstags-Füller abhanden gekommen ist. Dicke Tränen rollen dabei über ihr Gesicht. Die Mutter vermutet, dass ihr Kind das Schreibgerät in der

Durch Einsicht lernen

Wenn ein Kind gelogen oder etwas gestohlen hat, dann müssen die Eltern ihm klar machen, warum es sein Verhalten ändern muss. Schimpfen hilft wenig. Nur über die Einsicht kann ein Kind dazu gebracht werden, zu seinem Fehler zu stehen, sich dafür beim anderen zu entschuldigen und diesen dann letztendlich nicht mehr zu wiederholen.

Schule verloren hat. »Du musst eben besser auf deine Sachen aufpassen!«, ermahnt sie ihre Tochter und ist auch ein bisschen wütend. Lisa ist sehr unglücklich über den Verlust, denn sie hatte sich diesen Füller so sehr gewünscht. Am nächsten Tag, in der Schule, ist sie noch immer deprimiert. Das merken auch ihre Klassenkameradinnen und fragen, was los sei. Lisa erzählt, was geschehen ist. Am Nachmittag klingelt es dann bei ihr an der Haustür. Dort steht Christina, ein Mädchen aus Lisas Klasse, mit ihrer Mutter. Christina sieht verweint aus und ihre Mutter blickt sehr ernst drein. Das Mädchen überreicht Lisa ein kleines Geschenk. Verwundert packt Lisa es aus: es ist ihr Delfin-Füller, dazu eine Tüte Gummibärchen. »Ich möchte mich bei dir entschuldigen«, sagt Christina schüchtern zu Lisa, »ich habe deinen Füller genommen, weil ich auch so einen haben wollte.« So, jetzt war es endlich raus, Christina hat den kleinen Diebstahl gebeichtet. Lisa und ihre Mutter stehen völlig verdutzt in der Tür. Dann aber ist Lisa doch sehr erleichtert, dass sie ihren wunderschönen Füller wiederbekommen hat und sie verzeiht der Mitschülerin diese Missetat. Gute Freundinnen sind die beiden jedoch nie geworden.

So zeigt sich das Problem: Wir haben alle klare Vorstellungen davon, wie das Leben in der Familie sein soll, wie sich unsere Kinder benehmen müssen und wie ihr Charakter sein sollte. Wir wollen Harmonie um uns herum haben und wünschen uns liebe, nette Kinder. Doch leider weicht diese Wunschvorstellung meist ziemlich von dem ab, was im Familienalltag wirklich geschieht. Dieser ist nämlich oft sehr nervenaufreibend, anstrengend und schwierig; es kann sogar passieren, dass die Kids ganz und gar nicht tugendhaft und brav, sondern im Gegenteil manchmal sogar aggressiv und tyrannisch sind. Auch Lügen und Stehlen kommen im Alltag mit Kindern vor. Die Eltern sind darüber entsetzt und enttäuscht, sie haben Angst, dass ihre Erziehung falsch ist. Aber das ist kein Grund zur Resignation oder zu denken, ein Kind, das lügt und stiehlt, würde völlig auf die »schiefe Bahn« geraten. Konflikte gehören nun einmal zum Familienleben dazu, auch solche und ähnliche Fehlverhalten des Nachwuchses.

Wichtig ist, dem Kind klar und deutlich aufzuzeigen, dass es sich in einer bestimmten Situation falsch verhalten hat, dass es etwas Unrechtes getan hat. Sein Bewusstsein dafür muss geschärft werden. Es soll lernen, welches Verhalten innerhalb der Lebensgemeinschaft Familie und auch im sozialen Umfeld angemessen ist und welches andere Menschen beeinträchtigt oder ihnen sogar schadet, wie zum Beispiel wenn es einer anderen Person etwas von seinem Besitz wegnehmen würde. Glücklicherweise bringen Kinder von Natur aus fast immer eine große Lernbereitschaft für das richtige Sozialverhalten mit, zudem haben sie einen ausgeprägten Gerechtigkeitssinn. Dadurch kann man ihnen gut verständlich machen, welches Benehmen in Ordnung ist und welches nicht. Dies sollten Sie als Eltern nutzen und Ihrem Kind nicht mit Schimpfen oder gar Strafen begegnen, sondern ihm vielmehr die Situation erklären sowie sein Fehlverhalten aufzeigen. Dadurch bringen Sie Ihr Kind zur Einsicht. Es versteht, was es falsch gemacht und warum es sich schlecht benommen hat. So übertragen Sie ihm dann auch noch die Verantwortung für sein eigenes Verhalten und Handeln (siehe Seite 56 ff.). Falls Ihr Kind einem anderen etwas weggenommen hat, sollte es sich persönlich dafür entschuldigen und auf jeden Fall selbst sagen, dass es ihm Leid tut. Es muss spüren, dass es den Mitmenschen verletzt oder traurig gemacht hat. Über Einsicht und Eigenverantwortung

✔ Streiten – gewusst wie

Konflikte und Streit zwischen Menschen sind ganz normal, das gehört auch zum Leben mit Kindern. Jeder hat andere Interessen, es gibt viele unterschiedliche Meinungen, die aufeinander prallen. Das ist aber kein Problem, solange dabei eine gewisse »Streitkultur« besteht. Das heißt, jeder sollte fair bleiben, keiner darf erniedrigt, entwertet oder mit Schimpftiraden überhäuft werden. Am Ende einer Auseinandersetzung sollten stets Einsicht und Kompromissbereitschaft stehen. Seien Sie bereit, Zugeständnisse zu machen und sich nicht auf Kosten des anderen durchzusetzen. Dies ist übrigens auch ganz wichtig in einer Partnerschaft. Wenn Sie diese Regeln bei Meinungsverschiedenheiten mit dem Lebenspartner beherzigen, dann wird auch Ihr Kind sie einmal übernehmen.

lernt Ihr Nachwuchs am besten, welches Benehmen in der Gesellschaft angemessen ist und welches nicht.

Das sollten Sie ändern: Wenn Ihr Kind etwas Unrechtes getan oder sich schlecht benommen hat, dann sprechen Sie in aller Ruhe und ganz ohne Aggression mit ihm darüber. Drohen Sie nicht mit einer Strafe, das bringt nichts. Achten Sie während des Gesprächs auf eine klare Sprache und auf Sachlichkeit, wie in diesem Beispiel: »Du hast mich angelogen als du gesagt hast, dass deine Freundin Lea meine Perlenkette zerrissen hat. Die Oma hat nämlich zufällig gesehen, wie du sie durch die Luft gewirbelt hast. Stell dir vor, ich hätte Lea zu Unrecht beschuldigt, und sie wäre dann von ihren Eltern dafür bestraft worden. Auch wenn es dir unangenehm ist, so ist es doch viel besser, du stehst zu deinem Fehler und sagst die Wahrheit. Es war sicher nicht gut, die Kette so herumzuschleudern, denn sie ist ja schließlich kein Lasso. Aber es ist nun mal geschehen, sie ist zerrissen, das lässt sich nicht mehr ändern. Du musst einsehen, dass du dafür verantwortlich bist und du darfst nicht jemand anderem die Schuld in die Schuhe schieben. Nun weißt du für die Zukunft, dass bestimmte

Dinge wie diese Perlenkette empfindlich sind und kaputt gehen können, wenn man sie zweckentfremdet. Falls dir wieder einmal ein Missgeschick passiert, möchte ich, dass du die Wahrheit sagst. Viele Dinge kann man wieder reparieren, auch diese Kette.«

Wenn Sie auf diese Weise mit Ihrem Kind sprechen, kann es aus seinen Fehlern lernen und sein Verhalten korrigieren. Es lernt durch Einsicht und übernimmt dann die Verantwortung für sein Verhalten. Das ist ein wichtiger Prozess für sein ganzes späteres Leben.

9 Punkt 9: Verantwortung übertragen

Zwei kleine Alltagsgeschichten:

✔ Bernd (4) liebt leidenschaftlich Autos. Er kann gar nicht genug davon bekommen, mit Fahrzeugen zu spielen. Auch wenn er mal bei Papa im richtigen Wagen auf dem Fahrersitz sein darf, ist es für ihn das höchste Glück. Natürlich möchte er später einmal Rennfahrer werden. Allerdings ist der Junge ein richtiger Rabauke. Mit seinen zahlreichen Spielzeugautos geht er nicht gerade sanft um. Kürzlich erst hat er wieder zwei wunderschöne neue Rennwagen von Oma und Opa geschenkt bekommen. Es sind herrlich große Fahrzeuge, eines in Blau, das andere in Rot. Sie waren nicht gerade billig, aber da Bernd der einzige Enkel ist, lassen sich die Großeltern die Geschenke für den Buben auch etwas kosten.

Diesmal veranstaltet er mit den neuen Fahrzeugen gleich ein Autorennen, das natürlich auch mit den obligatorischen Crashs verbunden ist. Er lässt die Autos die Treppe hinunterrattern und fährt mit ihnen gegen die Wand. Die Wagen sind schnell kaputt. Da läuft der Junge weinend zum Papa. Er jammert und schimpft gleichzeitig, weil schon nach kurzer Zeit des Spielens an den Autos die Stoßstangen und Antennen abgebrochen sind. Außerdem liegt ein Wagenreifen auf der Treppenstufe. »Papa, bitte mach die Autos wieder ganz«, fleht der Junge seinen Vater an »... oder neues Auto kaufen!«

✔ Ein völlig anderes Problem hat die siebenjährige Nina: Sie geht in die zweite Klasse der Grundschule. Von Anfang an wurde das Kind bei ihren Hausaufgaben von der Mutter, Regine K., unterstützt. Diese saß jeden Tag neben ihr und half. Inzwischen jedoch muss Regine zum Arbeiten gehen, da das niedrige Einkommen des Vaters für die dreiköpfige Familie nicht mehr ausreicht. Die Mutter kehrt erst am Nachmittag gegen 16.30 Uhr nach Hause zurück, das Mittagessen für Nina kocht die Oma. Nina wagt es jedoch nicht, die Aufgaben zu Hause alleine zu erledigen. Die Oma wird als Betreuerin dafür nicht akzeptiert, sie sei schon zu alt. »Nur Mama weiß, wie das geht!«, behauptet das Mädchen. Es wartet, bis die Mutter nach Hause kommt und fordert dann die gewohnte Hausaufgabenhilfe von ihr. Beide sind jedoch um diese Zeit schon müde ... Die Mutter ermahnt Nina immer wieder, dass sie nun schon groß genug sei, die Aufgaben selbstständig zu erledigen, und zwar gleich nach dem Mittagessen, noch bevor sie selbst von der Arbeit nach Hause käme. Schließlich täten das andere Kinder in ihrem Alter auch. Dann hört Regine über längere Zeit nichts mehr von diesem Thema. Auf die Frage »hast du deine Hausaufgaben gemacht?« antwortet Nina nur immer mit ja.

Eines Tages jedoch kommt ein Brief von der Lehrerin, in dem die Eltern in die Schule gebeten werden, weil die Tochter die Hausaufgaben nur sehr unregelmäßig, sehr unvollständig, oft auch gar nicht erledigt. Regine und ihr Mann sind sehr erstaunt darüber. Zusammen mit der Lehrkraft entwickeln die Eltern nun eine Strategie, wie sich das Mädchen daran gewöhnen kann, weitgehend selbstständig seine Hausaufgaben zu meistern. Die Mutter muss nach der Arbeit jetzt nur noch kurz überprüfen, ob alles gemacht ist. Nina ist am Ende sehr stolz darauf, dass sie »schon ein großes Mädchen« ist und »alles alleine« machen kann.

So zeigt sich das Problem: Auf seinem Weg zum Erwachsenwerden vollzieht ein Kind viele wichtige Entwicklungsschritte und durchläuft einen Ablösungsprozess von den Eltern. Es gelangt von der anfänglichen Abhängigkeit immer mehr zur Unabhängigkeit. Dies ist ein Prozess der persönlichen Reifung. Das Kind lernt, seine Wünsche und Bedürfnisse in Einklang mit seinem sozialen Umfeld zu bringen. Es erfüllt langsam kleine Aufgaben und Pflichten und trifft mit der Zeit auch eigene Entscheidungen. Kurz: Es lernt Schritt für Schritt, Verantwortung zu übernehmen.

Bei diesem Prozess sollten Sie als Eltern Ihr Kind begleiten und unterstützen. Geben Sie Ihrem Nachwuchs also schon frühzeitig die Chance, bei kleineren oder auch etwas größeren Anforderungen des Alltags selbst zu entscheiden, was er tut. So übernimmt er schon ein wenig Verantwortung. Das betrifft ganz viele Bereiche des täglichen Lebens, beispielsweise das Essen, das Schlafen, Anziehen, Ausziehen, Waschen, Zähneputzen, aber auch das Aufräumen, die Mithilfe im Haushalt sowie das Spielen und Erledigen der Hausaufgaben.

Manche Eltern machen allerdings den Fehler, dass sie ihrem Kind alles abnehmen, in der Meinung, es sei so das Beste. Somit hat das Kind auch keine Möglichkeit, Verantwortung zu übernehmen, es bleibt unselbstständig. Das ist schade, denn dadurch wird es in seinem Reifungsprozess gebremst. So etwas geschieht meist unbewusst, weil die Eltern ihrem Kind eigentlich helfen wollen; sie möchten es beschützen, weil sie glauben, es könnte ohne den ständigen elterlichen Beistand seine Aufgaben nicht bewältigen und damit im Leben nicht bestehen. Ein weiterer unbewusster Grund kann auch sein, dass die Eltern ihr Kind nicht loslassen wollen, es nicht in die zunehmende Unabhängigkeit entlas-

Vertrauen Sie Ihrem Kind

Mütter, die ihrem Kind jeden Handgriff abnehmen wollen, helfen ihm ganz und gar nicht damit. Viel besser ist es, wenn der Nachwuchs schon früh lernt, kleine Entscheidungen selbst zu treffen und dafür auch die Verantwortung übernimmt. Haben Sie einfach Vertrauen, Ihr Kind kann wahrscheinlich viel mehr als Sie meinen!

sen möchten, aus Angst, es dann zu verlieren. Dieses Problem haben vor allem Mütter, sie wollen ihr Kind ganz für sich behalten, es soll weiterhin das Söhnchen oder Töchterchen bleiben.

Oft trauen Eltern ihrem Kind auch einfach nicht zu, dass es beispielsweise selbst ganz genau weiß, wie viel es essen kann. Manche Mütter und Väter, vor allem auch die Großeltern, kaufen gleich wieder neue Spielsachen, wenn etwas kaputt geht, wie in unserer kleinen Alltagsgeschichte. Auch das hindert die Kinder am Lernprozess, sorgsam mit ihren Sachen umzugehen und nicht alles immer gleich kaputt zu machen. Wenn Eltern alles überwachen, schaffen es die Kleinen auch nicht, zum Beispiel selbstständig und eigenverantwortlich ihre Hausaufgaben zu erledigen, ohne ständig einen »Beisitzer« zu benötigen, der ihnen über die Schulter guckt.

Das sollten Sie ändern: Selbstverständlich braucht Ihr Kind Grenzen, natürlich müssen Sie es anleiten und führen. Aber Ihr

✔ Können Sie loslassen?

Ein Kind zu Selbstständigkeit und Eigenverantwortung zu erziehen, hat viel damit zu tun, dass Eltern nicht »klammern«, sondern ihm den nötigen Freiraum für seine Entfaltung zubilligen. Dies fällt manchen Eltern, vor allem den überbesorgten, allerdings schwer. Sie wollen ihr Kind umhegen und umsorgen. Einige Mütter und Väter haben Probleme mit dem Ablösungsprozess ihres Kindes, wenn es in den Kindergarten kommt, dann in die Schule geht und irgendwann einmal ganz das Elternhaus verlässt. Es ist aber wichtig, dass Ihr Kind schrittweise die Unabhängigkeit von Ihnen als Eltern erlangt. Deshalb sollten Sie sich frühzeitig darin üben, loszulassen und Ihrem Kind zuzutrauen, eigene Entscheidungen zu treffen: »Ich habe Vertrauen in dich, ich weiß, dass du das schaffst, ich bin sicher, dass du das richtig machst.« So sollte Ihre Haltung aussehen, so sollte Ihr Credo lauten. Denn damit fördern Sie das Selbstvertrauen Ihres Kindes und seine Fähigkeit, das Leben einmal gut zu meistern.

Kind benötigt auch den Spielraum zur freien Entfaltung, um seine Fähigkeiten zu entwickeln, um selbstständiges Denken und Handeln zu lernen sowie die Verantwortung dafür zu übernehmen. Geben Sie daher Ihrem Nachwuchs diesen notwendigen Freiraum, lassen Sie ihn in gewissen Bereichen und innerhalb eines bestimmten Rahmens gewähren. Vertrauen Sie auf seine Fähigkeiten und übertragen Sie ihm Verantwortung.

Das Selbermachen lernen

Nehmen wir als Beispiel das Essen: Sie als Eltern entscheiden, zu welchem Zeitpunkt welche Nahrung auf den Tisch kommt. Ihr Kind sollte jedoch festlegen dürfen, wie viel es essen möchte und wann es satt ist. Nur so lernt es, seine eigenen Bedürfnisse wahrzunehmen und seinem Körper zu vertrauen.

Und was die Ordnung betrifft, so sollten Sie Ihr Kind zwar anleiten und unterstützen, etwa indem Sie ihm Sortierboxen für seine Bauklötze und andere Spielsachen zur Verfügung stellen, aber es sollte selbst sein Zimmer aufräumen, selbst auf seine Spielsachen achten. Vor allem jedoch muss es die Verantwortung dafür übernehmen, dass das Spielzeug sorgsam behandelt wird. Nur so lernt Ihr Kind, Dinge wert zu schätzen und achtsam mit ihnen umzugehen.

Für viele Eltern ist die Erledigung der Hausaufgaben ein ständiger Anlass zu Streit und Schimpfen: Begleiten Sie Ihr Kind auf dem langen Weg durch die Schulzeit, indem Sie offen sind für seine Fragen und ihm Hilfe anbieten. Überprüfen Sie hin und wieder seine Arbeiten, weisen Sie auf Fehler hin und stellen Sie ihm, falls notwendig, zusätzliches Lernmaterial zur Verfügung. Bei bestimmten Schwächen und Defiziten können Sie ihm Nachhilfeunterricht organisieren. Aber die Hausaufgaben zu erledigen, in der Schule aufzupassen und sich am Unterricht zu beteiligen – all das sollte ganz in der Eigenverantwortung Ihres Kindes liegen. Nur so bekommt es heraus, wie es richtig lernt, und nur so erfährt es, dass es selbst für seinen Erfolg oder Misserfolg verantwortlich ist.

Punkt 10: Auszeiten nehmen

Eine kleine Alltagsgeschichte: So wie der Kosmetikerin Anneliese M. ergeht es vielen Müttern. In Annelieses Leben muss alles bestens organisiert sein, zumal sie neben den beiden Kindern Thorsten (8) und Leon (11) auch noch einen kranken Ehemann zu betreuen hat, der nicht mehr zur Arbeit gehen kann. Anneliese arbeitet nur am Vormittag, dennoch ist sie vollkommen gestresst. Mann und Kinder, Haushalt und Job brauchen ihre ganze Energie.

Thorsten und Leon werden jeden Morgen von der Nachbarin zusammen mit deren eigenen Kind in die Schule gebracht. Mittags, nach getaner Arbeit, holt Anneliese ihre Söhne von der Schule ab. Dann kocht sie rasch ein Essen, danach steht sie ihren Kindern für Fragen während der Hausaufgaben zur Verfügung. Im Laufe des Nachmittags müssen die Kinder außerdem zu verschiedenen Freizeitaktivitäten gebracht werden; zwischendurch geht die Mutter zum Einkaufen und kümmert sich um den Haushalt. Zudem braucht ihr Mann immer wieder Hilfe, denn er ist aufgrund seiner Krankheit ziemlich unbeweglich.

Am Abend, wenn die Familie gemeinsam gegessen hat und die Kinder ins Bett gebracht sind, gibt es fast immer für Anneliese noch etwas zu tun, liegen gebliebene Büroarbeit, ein wenig bügeln oder abgerissene Knöpfe annähen … bis die berufstätige Hausfrau und Mutter schließlich total übermüdet ins Bett fällt.

Auch am Wochenende ist ihre Zeit vollkommen verplant: Die Gartenarbeit muss verrichtet werden, oft kommen Oma und Opa zu Besuch und wollen einen Kuchen genießen, selbst kleine Ausflüge mit den Kindern werden zeitlich genau eingeteilt, damit das Programm reibungslos durchgezogen werden kann. Für eigene Aktivitäten wie Ausgehen, Unternehmungen mit Freunden – ganz ohne Kinder – bleibt Anneliese eigentlich keine Zeit. Und wenn ein Kind krank ist oder der Mama selbst etwas fehlt, dann bricht die gesamte Organisation zusammen.

So gewinnen Sie Zeit

Wenn es Ihnen gelingt, regelmäßig die Seele baumeln zu lassen und vollkommen zu relaxen, bewältigen Sie Ihren anstrengenden Alltag wesentlich besser. Auch wenn Sie meinen, Sie hätten überhaupt keine Zeit zum Müßiggang, sollten Sie es einfach einmal damit versuchen. Sie werden sehen, alles geht Ihnen dann umso schneller von der Hand. Dadurch wiederum gewinnen Sie Zeit.

So zeigt sich das Problem: So stressig und belastend wie oben beschrieben sieht der Alltag in vielen Familien aus, vor allem bei Alleinerziehenden. Sämtliche Probleme müssen alleine gelöst werden, jegliche Aufgaben alleine bewältigt werden; diese üben einen enormen Druck auf die Betroffenen aus. Die Mehrfachbelastung von Job, Haushalt und Kinderbetreuung stellt eine große seelische und körperliche Herausforderung dar. Oft bleibt da keine Zeit für einen Ausgleich in Form von Urlaub, Freizeitaktivitäten und sozialen Beziehungen. Manchmal fehlt hierzu auch noch das Geld. Aber auch in Familien, in denen sich beide Elternteile einbringen können, sind die Belastungen häufig sehr stark. Oft müssen beide verdienen, damit genügend Geld zur Verfügung steht, um die Familie zu ernähren. Verwandte wie Tante, Onkel und Großeltern leben nicht selten weit weg, deshalb gestaltet sich die Kinderbetreuung recht schwierig. Sie ist dann mit einem großen organisatorischen und finanziellen Aufwand verbunden. Zudem ist es gar nicht so leicht, sich auf fremde Hilfe verlassen zu können, zum Beispiel eine Tagesmutter oder ein Au-pair-Mädchen.

Das war früher in Großfamilien sicher alles viel leichter, es gab immer jemanden, der Zeit hatte, sich um die Kinder zu kümmern. Alle wohnten unter einem Dach, die Oma, der Opa, ein oder gar mehrere Tanten und Onkel, sogar Großtanten und Urgroßeltern. Hier hatten die Kinder immer Anlaufstellen. Außerdem hatte sich die Arbeit, die Kinderbetreuung und -erziehung oft auf mehrere Schultern verteilt.

Heute hingegen ist das Elternsein oft ein ziemlich einsamer Job. Gerade wenn man »Supermutter« oder »Supervater« sein will (und auch irgendwie muss), lasten alle Aufgaben ungeteilt auf einer Person. Diese ist verantwortlich für alles, was die Kinder betrifft, für Bildung, Beschäftigung, Zuwendung, Zärtlichkeit, Liebe, Erziehung, Sicherheit, Essen und Trinken, Schlafen, Kleidung und noch viel mehr. Kein Wunder also, dass viele Eltern oft ausgelaugt, gereizt, nervös, angespannt und sogar manchmal depressiv sind. Nicht wenige zeigen sogar Zeichen eines Burn-out-Syndroms, sie sind völlig ausgebrannt und haben körperliche Beschwerden wie Rückenschmerzen, Kopfschmerzen, ständig wiederkehrende Infekte, Verdauungsprobleme, Schlafstörungen und Ähnliches.

Kinder brauchen jedoch Eltern, die stark, ausgeglichen, innerlich gefestigt und positiv gestimmt sind, die zuversichtlich und fröhlich in die Zukunft blicken. Denn Eltern sind ja auch in ihrer Grundhaltung Vorbilder, sie übermitteln ihren Sprösslingen Stimmungen sowie Launen. Kinder werden letztlich in ihrer eigenen Gefühlswelt von dem geprägt, was die Familienatmosphäre ausmacht. Als überlastete, genervte Eltern können Sie nur schwer gleichzeitig liebevoll, fürsorglich und gelassen sein. Dies gelingt Ihnen nur, wenn Sie selbst mit sich im Reinen sind, wenn Sie immer wieder genügend Kraft tanken können, um den Alltag mit seinen zahlreichen Anforderungen zu meistern. Und dazu müssen Sie glücklich und gesund sein!

Das sollten Sie ändern: Nehmen Sie sich möglichst immer wieder Ihre Auszeiten! Achten Sie auf regelmäßige Erholung vom Alltagsstress. Lernen Sie, Zeit für sich selbst zu schaffen, für Hobbys und Freunde. Gehen Sie hinaus in die Welt, nehmen Sie Kontakt zu Freunden auf, verabreden Sie sich, zum Beispiel um ins Kino zu gehen, um ein schönes Konzert zu hören, ein Theater zu besuchen oder um tanzen zu gehen. Überhaupt ist viel Bewegung, besonders an der frischen Luft, sehr gut und gesund, um sich zu erholen und den Kopf frei zu bekommen. Gehen Sie möglichst oft nach draußen – mit Ihrem Kind oder auch alleine. Gönnen Sie sich außerdem hin und wieder selbst etwas Schönes. Dazu gehört auch die eigene Pflege, sie hebt nämlich enorm das Selbstwertgefühl. Schon ein Besuch bei der Kosmetikerin, eine Massage, ein Saunagang, zum Beispiel während eines Badeaufenthalts in einer Therme, kann Wunder bewirken. Das ist nicht übermäßig teuer, aber der Nutzen für Ihre Gesundheit und für Ihre seelische Balance ist Gold wert. Daher sollten Sie sich so etwas ruhig ab und zu einmal leisten.

Idealbild »Superfrau«

So manche Frau hat das Bedürfnis, dem Ideal der »perfekten Weiblichkeit« zu entsprechen, das alle Rollen spielend ausfüllt: die der Supermutter, die ganz für ihre Kinder da ist und diese mit sicherer Hand durchs Leben geleitet, die der wunderbaren Ehefrau, die ihren Mann restlos glücklich macht, die der starken Karrierefrau, die erfolgreich im Beruf ist, und obendrein noch die der fleißigen Haushaltsmanagerin, die ihrer Familie ein schönes, ordentliches Heim bietet. Dass es kaum möglich ist, all diese Rollen stets voll und ganz auszufüllen und dabei auch noch fröhlich, unbeschwert und gelassen zu bleiben, ist klar. Setzen Sie sich also nicht mit diesem Idealbild selbst unter Druck! Sie brauchen nicht perfekt zu sein. Gestehen Sie sich getrost ein, dass auch Sie Grenzen haben. Sie sind nicht endlos belastbar, Sie tragen nicht für alles die Verantwortung und Sie dürfen auch einmal etwas liegen lassen. Ihr Haushalt muss nicht makellos in Ordnung sein.

Seien Sie stolz auf sich, so wie Sie sind. Sie leisten ohnehin ungeheuer viel! Erlauben Sie sich selbst zwischendurch etwas Zeit fürs Nichtstun, wenn Ihnen danach ist. Lassen Sie ab und zu Ihre Seele baumeln, gönnen Sie sich regelmäßig Pausen, schaffen Sie sich jeden Tag etwas Freiraum, eine Stunde, die nur Ihnen allein gehört. In dieser Zeit machen Sie nur das, wonach Ihnen der Sinn steht, und niemand darf etwas von Ihnen abverlangen.

✔ 16 Tipps, wie Eltern auftanken können

Der australische Familientherapeut Steve Biddulph gibt in seinem Buch »Das Geheimnis glücklicher Kinder« gestressten Eltern diese Ratschläge:

- ✘ Leisten Sie sich ab und zu einen Babysitter.
- ✘ Nutzen Sie die Zeit, in der Ihr Kind von anderen Personen betreut wird, wirklich für sich selbst, nicht für schnelle Erledigungen oder Ähnliches.
- ✘ Lernen Sie, für Ihr Kind so langweilig zu sein, dass dieses Sie eine Weile in Ruhe lässt.
- ✘ Verbringen Sie 10 Minuten mit Ihrem Partner/Ihrer Partnerin, wenn er/sie nach Hause kommt. Tauschen Sie gute Nachrichten aus oder seien Sie einfach zusammen.
- ✘ Verbringen Sie täglich eine halbe Stunde intensiv und konzentriert mit Ihrem Kind, anstatt widerwillig stundenlang mit halber Aufmerksamkeit.
- ✘ Lernen Sie abzuschalten, zu entspannen, an Schönes zu denken: während der Hausarbeit, während einer Autofahrt oder beim Spazierengehen.
- ✘ Kochen Sie etwas Leckeres, das Ihnen so richtig gut schmeckt; es muss nämlich nicht immer nur den »Kinderteller« zu essen geben.
- ✘ Hören Sie Musik, die Sie lieben und spielen Sie ein Instrument, das Sie mögen.
- ✘ Verbringen Sie manchmal auch Zeit mit anderen Eltern.
- ✘ Machen Sie Ihrem Partner gegenüber Ihre Bedürfnisse deutlich, und versuchen Sie auch, auf seine Bedürfnisse einzugehen.
- ✘ Tun Sie regelmäßig etwas, was Ihnen so richtig Spaß macht, aber nichts mit Ihrem Elterndasein zu tun hat.
- ✘ Scheuen Sie sich nicht, Unterstützung und Hilfe in Anspruch zu nehmen.
- ✘ Sagen Sie sich, dass Unordnung erlaubt, ja sogar schön ist und geben Sie für ein paar Jahre die Idee auf, dass Ihr Haus blitzblank sein muss.
- ✘ Richten Sie Ihrem Kind einen Bereich ein, in dem keine wertvollen Sachen herumstehen und wo Oberflächen von Böden und Möbeln einfach zu säubern sind. Das spart täglich die Energie für tausendmal nein sagen.
- ✘ Richten Sie für sich selbst einen aufgeräumten, gemütlichen Bereich her, den Ihr Kind nicht betreten darf und wo Sie selbst sich wohlfühlen.
- ✘ Tauschen Sie sich regelmäßig mit Ihrem Partner/Ihrer Partnerin in aller Ruhe in einem gemütlichen Raum aus und lösen Sie Probleme oder schmieden Sie Pläne. Machen Sie dies ohne Ihr Kind und achten Sie darauf, dass das Bett nicht zum Diskussionsforum wird.

Klare Regeln – in jedem Alter wichtig

Wie Ihr Kind Regeln lernt

Die zehn Punkte des letzten Kapitels können Ihrem Kind einen optimalen Erziehungsrahmen geben. Sie erleichtern das Zusammenleben in der Familie und helfen, die Beziehung zwischen Ihnen und Ihrem Kind harmonischer zu gestalten. Nun erfahren Sie, wie sich diese Erziehungsregeln und Ratschläge am besten in die Tat umsetzen lassen. Das Drei-Stufen-Modell, das wir Ihnen vorstellen, sollten Sie ganz fest in Ihren Alltag und in den Ihres Kindes einbauen. Wenden Sie es in allen Bereichen konsequent an, ganz gleich ob es um die Ordnung im Kinderzimmer oder um die Bewältigung der Hausaufgaben geht. Lassen Sie es zur Routine werden.

Das Drei-Stufen-Modell gibt Ihnen praktische Anweisungen und Empfehlungen, wie Sie sich Ihrem Kind gegenüber verhalten sollten. Es geht dabei besonders um Ihre Grundstimmung, um Ihre Art zu sprechen und um Ihre Reaktionen gegenüber Ihrem Kind. Am Anfang bereitet es möglicherweise ein bisschen Mühe, sich immer wieder an die Spielregeln des Modells zu erinnern und diese auch einzuhalten. Aber Sie werden merken, dass Sie schon nach kurzer Zeit automatisch so reagieren werden, wie es die Empfehlungen vorsehen und dass Sie Ihr Verhalten gegenüber Ihrem Kind irgendwann einmal ganz unbewusst danach steuern. Sie müssen dann gar nicht mehr lange darüber nachdenken, wie Sie handeln sollen. Bestimmt werden Sie bereits nach ein paar Versuchen merken, wie erfolgreich die Methode ist, wie sich die Beziehung zwischen Ihnen und Ihrem Kind nach und nach zum Positiven wendet. Allmählich werden sich bestimmte Probleme, die Sie immer wieder in der Auseinandersetzung mit Ihrem Sprössling hatten, verlieren.

1 Erste Stufe: positive Grundhaltung einnehmen

So sollte es nicht sein: Das kennen Sie bestimmt auch aus eigener Erfahrung: Eigentlich lieben Sie Ihr Kind, es bedeutet

Ihnen sehr viel, es ist Ihr Ein und Alles. Dennoch schleicht sich sehr oft das Gefühl ein, überfordert zu sein, zu viele Kämpfe mit ihm ausfechten zu müssen, ständig hinter ihm her laufen und aufpassen zu müssen, dass nur nichts passiert. Viele Eltern fühlen sich in ihrer täglichen Sorge um die Kinder stark unter Druck. Es gibt eine Menge organisatorischer Anforderungen und zahlreiche Pflichten, die jeden Tag aufs Neue zu erfüllen sind. Fühlen Sie sich auch manchmal wie in einem Hamsterrad gefangen, so als ob Sie förmlich aufgefressen würden? Natürlich gibt den überlasteten Eltern das Lachen des eigenen Kindes viel Trost; auch die Gewissheit, dass es fröhlich und unbeschwert heranwächst und sich prächtig entwickelt ist eine große Beruhigung.

Aber dennoch: Immer besteht das Risiko, dass in der alltäglichen Auseinandersetzung mit den tausend kleinen und großen Fragen die Stimmung leidet. Im täglichen Stress kann sich schnell eine schlechte Atmosphäre ausbreiten und eine negative Grundhaltung dem eigenen Kind gegenüber entwickeln. Obwohl Sie als Eltern Ihr Kind lieben, signalisieren Sie ihm dann doch möglicherweise unbewusst, wie stressig und anstrengend alles mit ihm ist. »Ich bin völlig genervt!«, denken Sie sich, »Kind, du gehst mir an die Substanz!« Sensibel, wie Kinder nun mal sind, spüren sie diese geheime, unausgesprochene Botschaft ganz genau, die von den Eltern zu ihnen geschickt wird – wenn auch unbeabsichtigt. Leider passiert dann das Gegenteil von dem, was erwünscht ist: Das Kind übernimmt unbewusst dieselbe negative Grundhaltung, und die Beziehung zwischen Eltern und Kind wird dadurch angespannt und disharmonisch.

So sollte es sein: Zeigen Sie eine offene, fröhliche und lebensbejahende Haltung: Sie sollte so positiv sein, dass Ihr Kind sie instinktiv nachahmt. Das heißt natürlich nicht, dass Sie immer mit einem Lächeln auf den Lippen auftreten müssen, vor allem nicht, wenn Sie in Stress und Hektik zu versinken drohen. Wenn Ihnen alles über den Kopf

> **Positives Feedback geben**
>
> Wenn Sie Ihren Sprössling unterstützen, indem Sie loben, was er gut macht, geben Sie ihm viel Mut. Natürlich hat auch Ihr Kind Schwächen, aber diese sollten Sie nicht zu sehr kritisieren, sondern eher seine Stärken betonen.

zu wachsen scheint und Sie völlig genervt sind, dann atmen Sie besser erst einmal tief durch. Gehen Sie kurz an die frische Luft, damit Sie Ihrem Kind nicht in schlechter Stimmung gegenübertreten. Es braucht Ihre positiven Gefühle, Ihre optimistische Haltung dem Leben gegenüber, um selbst diese sonnige Grundhaltung zu entwickeln und sein Leben zu genießen. Jeder kennt den pessimistischen Typ, der allem gegenüber skeptisch ist, ständig kritisiert, oft mürrisch und missgelaunt erscheint und dem das Leben wie eine Last vorkommt.

Aber da gibt es ja zum Glück noch den Optimisten, der fröhlich, humorvoll, aufgeschlossen, tolerant und selbst in Zeiten von großen Anforderungen und Belastungen immer noch hoffnungsfroh gestimmt ist. Entscheiden Sie sich bitte für diesen zweiten Typus, denn wenn Sie stark und froh gesonnen in die Zukunft blicken, geben Sie Ihrem Kind eine ungeheuer positive Kraft mit auf den Weg!

Nehmen Sie Ihr Kind so an, wie es ist

Akzeptieren Sie es mit all seinen Stärken und Schwächen. Jeder Mensch hat Fehler, niemand ist perfekt, Sie selbst nicht, Ihr Partner nicht, Ihre Eltern, Ihre Freunde und natürlich auch Ihr Kind nicht. Vollkommen zu sein oder vielleicht genau dem Bild zu entsprechen, das andere von den »idealen Eltern« haben, ist auch keinesfalls erstrebenswert. Denn oft sind es ja gerade die kleinen Schwächen, die Eigenheiten des Wesens, die prägnanten Charakterzüge, die einen Menschen so liebenswert und außergewöhnlich machen.

Besonders wichtig ist, dass Sie Ihr Kind nicht verurteilen, vor allem dann nicht, wenn es einen Fehler begangen hat. Kommt Ihr Kind beispielsweise mit einer schlechten Schulnote nach Hause, dann schimpfen Sie nicht gleich los. Wahrscheinlich hat es sein Bestes gegeben. Qualifizieren Sie es für eine schlechte Leistung nicht ab, indem Sie beispielsweise sagen: »Siehst du, das liegt nur daran, dass du so faul bist. Schau dir mal deine Klassenkameraden an, die sind viel fleißiger und besser.« Solche Sätze dürfen nicht über Ihre Lippen kommen.

Sie sollten Ihr Kind lieber trösten, denn es hat in dieser Situation ohnehin schon genügend Kummer. Bauen Sie es auf und unterstützen Sie es, zum Beispiel indem Sie mitteilen: »Das ist zwar schade mit der schlechten Note, denn ich weiß, dass du das bestimmt besser kannst. Aber das kann passieren. Wir müssen in Zukunft darauf achten, dass du früher zu

✔ So loben Sie Ihr Kind

Jeder Mensch braucht Lob und Anerkennung für das, was er leistet. Vor allem Kinder sind besonders darauf angewiesen, weil sich ihr Selbstwertgefühl noch entwickeln muss. Dies kann in positiver Weise nur durch Mut machende, gute Rückmeldungen aus der Umwelt geschehen. Geizen Sie deshalb nicht mit Lob! Zeigen Sie Ihrem Kind jeden Tag Ihre Wertschätzung, das kann auch schon bei Kleinigkeiten im Alltag sein.

So loben Sie Ihr Kind: Sprechen Sie es direkt an. Verwenden Sie solche oder ähnliche Formulierungen: »Toll, wie du das machst!« oder »prima, wie wunderschön du dein Zimmer aufräumst.« Auch Sätze, in denen Sie Ihre Gefühle und Ihre Einstellung zu Ihrem Kind darstellen, sind sehr gut und kommen bei Ihrem Sprössling gut an: »Ich bin so stolz auf dich!«, »ich habe es ja schon immer gewusst, wie gut du das kannst!« oder »ich freue mich sehr über deine schöne Arbeit!« Solche Sätze sind ein kraftvoller, äußerst positiver Impuls für das Selbstwertgefühl Ihres Kindes. Es spürt, dass Sie gut finden, was es tut. Es weiß, dass Sie sich über seine Leistungen freuen und dass Sie stolz sind auf Ihre Tochter oder Ihren Sohn. Das ist echte Motivation, denn Ihr Kind wird daraus viel Stärke und reichlich Antriebskraft schöpfen. Es hat Spaß an seinem Tun und will Neues lernen, um sich weiter zu entwickeln!

lernen beginnst. Wir helfen dir dabei, du bekommst von deinen Eltern Unterstützung.« So weiß Ihr Kind, dass es von Ihnen angenommen bleibt, auch wenn etwas schief gelaufen ist, und dass es sich bei Ihnen gut aufgehoben und geborgen fühlen darf. Ihr Sprössling kann sich Ihnen anvertrauen, weil Sie ihm bei der Bewältigung und Lösung seiner Probleme helfen. Sie appellieren an seine Stärken, indem Sie sagen: »Ich weiß, dass du das besser kannst.« Sie machen ihm Mut und geben ihm die Sicherheit, dass es immer geliebt wird.

Stärken Sie das Selbstwertgefühl Ihres Kindes

Die beste Strategie dafür ist Motivation und Lob (siehe Kasten Seite 71). Spornen Sie Ihr Kind an, indem Sie ihm immer wieder zeigen, dass Sie in seine Fähigkeiten vertrauen und dass Sie stolz auf seine Leistungen sind. Wenn Ihr Nachwuchs Ihnen beispielsweise beim Tisch decken hilft, dann kritisieren Sie ihn nicht, wenn er das Besteck falsch platziert, sondern ermutigen Sie ihn vielmehr, indem Sie zeigen, wie gut Sie das finden. Sie könnten ihm zum Beispiel sagen: »Toll, wie hübsch du den Tisch gedeckt hast, sogar an die Servietten und an eine Kerze hast du gedacht. Komm, ich zeige dir jetzt noch, wie man das Besteck richtig hinlegt.« Ihr Kind freut sich über solches Lob und ist dadurch motiviert, zu lernen, wie es noch besser geht. Wenn Sie es loben und ermutigen, dann halten Sie sich nicht an seinen Fehlern auf, zum Beispiel am falsch platzierten Besteck, sondern Sie betonen seine Stärken (»sogar an die Servietten und an eine Kerze hast du gedacht«). So wächst sein Selbstwertgefühl und es bekommt Selbstvertrauen.

Erfahrungen zu sammeln und immer wieder Neues auszuprobieren wird Ihrem Kind Spaß machen, denn es hat Erfolgserlebnisse und erfährt eine positive Rückmeldung von Ihnen. Dies erleichtert ihm den Weg durchs Leben, durch Schule und Beruf, in hohem Maße. Es wird die vielen Pflichten und Aufgaben, die zu bewältigen sind, nicht als unüberwindliche Last und ständigen Beweis seiner

Schwäche erleben, sondern als positive Herausforderung, an denen die eigenen Fähigkeiten wachsen können.

2 Zweite Stufe: Klare Worte sprechen

So sollte es nicht sein: Missverständnisse zwischen Eltern und Kindern. Sie entstehen durch unklare Anweisungen und eine undeutliche Ausdrucksweise. Da sagt zum Beispiel die Mama zu ihrem Kind, es sei sehr unvernünftig, kurz vor dem Essen noch Süßigkeiten zu naschen. Erstens weil Süßigkeiten sowieso schlecht für die Zähne seien und zweitens weil dann der Appetit aufs Essen verloren gehe. Diese Aussage der Mutter ist in zweierlei Hinsicht unverständlich für den Sprössling: Das Kind kann der eher allgemeinen Formulierung »unvernünftig« nicht entnehmen, dass die Mama es nicht erlaubt, vor der Mahlzeit noch Süßes zu essen. Darüber hinaus bekommt es gleich zwei Botschaften in einem Satz mitgeteilt, nämlich dass Süßigkeiten schlecht für die Zähne sind und dass sie den Appetit verderben. Damit ist er jedoch überfordert. Die Mutter erreicht so genau das Gegenteil von dem, was sie wirklich möchte. Ihr Kind versteht sie nämlich nicht richtig.

Ein weiteres Kommunikationsproblem: Eltern machen nicht nur häufig Fehler mit dem, was sie zu ihrem Kind sagen, sondern auch in der Art und Weise, wie sie es sagen. Oft haben elterliche Aufforderungen einen zu sanften, bittenden, fast schon ängstlichen Charakter oder aber sie arten – im Gegenteil – gleich in Gebrüll aus. Gerade Mütter trauen sich manchmal nicht, ihrem heranwachsenden Kind selbstbewusst entgegenzutreten und ihm unmissverständlich zu vermitteln, was sie von ihm wollen. Das passiert häufig bei Söhnen, die vielleicht gerade in der Flegelphase stecken und auch allgemein bei Jungen und Mädchen während der Pubertät. Ihr Verhalten zeichnet sich durch besondere Widerspenstigkeit, Trotz und Ablehnung aus.

Auch wenn Eltern gleich losbrüllen – was Vätern im Allgemeinen noch leichter passiert als Müttern –, ist das ein Zeichen dafür, dass sie überfordert sind und sich nicht sachlich und klar mit ihrem Kind verständigen können. Brüllen und Schreien sind ganz typische Stresssignale. Meist sind sie darauf zurückzuführen, dass Eltern bei der Erziehung ihrer Kinder unter erheblichem Druck stehen und nicht gelassen bleiben können. Vor allem Väter wollen, wenn sie besonders laut werden, oft auch erreichen, dass ihre Kinder mehr Respekt vor ihnen haben. Das funktioniert jedoch nicht, denn Brüllen erzeugt nur Anspannung bei allen Familienangehörigen und kann umso mehr Trotz und Widerstand beim Kind auslösen.

So sollte es sein: Formulieren Sie klare Aussagen – dies ist ganz wichtig! Die Mutter im oben beschriebenen Fall sollte beispielsweise sagen: »Wir essen in einer halben Stunde zu Mittag, deshalb darfst du jetzt keine Süßigkeiten naschen. Du kannst aber nachher einen Nachtisch bekommen oder auch ein paar Stückchen Schokolade, wenn du darauf noch Appetit hast.« So weiß Ihr Kind, Süßigkeiten vor dem Essen sind verboten, danach sind sie (in Maßen) erlaubt. Natürlich können Sie ihm auch erklären, warum Sie das so wollen und nicht anders. Sie können ihm verständlich machen, dass man keinen Hunger mehr hat, wenn man vor der Mahlzeit schon etwas anderes gegessen hat. Teilen Sie ihm noch mit, dass zu viel Süßes den Zähnen schadet und Karies auslösen kann, auch wenn Ihr Sprössling das wahrscheinlich längst weiß. Diese Informationen sind für Ihr Kind in diesem Moment gut und wichtig, auch wenn es sie im Grunde schon kennt. Sie sollten jedoch niemals Raum für Diskussionen bieten.

Sprechen Sie mit fester Stimme: Achten Sie beim Reden mit Ihrem Kind auf Ihren Tonfall. Sie sollten warmherzig, aber bestimmt klingen; Ihr Kind muss deutlich spüren, dass Sie selbst von dem überzeugt sind, was Sie zu ihm sagen. Lassen Sie keinen Zweifel aufkommen, dass Ihre Aussagen richtig aufgenommen und verstanden werden. Wenn Sie beispielsweise sagen: »Ich möchte, dass du vor dem

✔ Sprechen Sie in Bildern

Wahrscheinlich fragen Sie sich, wie Sie überhaupt mit Ihrem Nachwuchs sprechen sollen, oder? Hier die Antwort: Drücken Sie sich klar und direkt aus, ohne große Umschweife, reden Sie immer in vollständigen Sätzen. Vor allem dürfen Sie sich nicht in der verniedlichenden Babysprache artikulieren. Verwenden Sie Bilder in Ihrer Rede, so wie sie im Märchen vorkommen. Diese kann Ihr Kind am besten verstehen. Die Jüngsten befinden sich ohnehin bis zu ihrem siebten Lebensjahr in einer mythischen, fantasiereichen Welt; sie werden noch nicht so von ihrer Vernunft geleitet wie die Erwachsenen. Abstrakte Ausdrucksweisen und Logik liegen ihnen sehr fern, aber in Bildern leben sie auf, eine bildhafte Sprache können sie sehr gut erfassen. Müssen Sie Ihrem Kind beispielsweise verständlich machen, dass sein Großvater sehr alt und krank ist, können Sie ihm dies anhand einer welken Blume erklären, die ihr Köpfchen hängen lässt und bald verblühen wird oder so ähnlich. Dann hat es eine Vorstellung davon, dass das Leben des Großvaters begrenzt ist, seine Tage gezählt sind.

Abendessen noch dein Zimmer aufräumst«, dann vergewissern Sie sich, dass Ihr Kind zugehört hat. Fragen Sie nach: »Hast du mich gehört?« Wiederholen Sie gegebenenfalls Ihre Aussage nochmals (siehe hierzu auch Seite 42 ff.).

Seien Sie auch auf Ihr Verhalten, Ihre Körpersprache und Ihre Gesten bedacht, während Sie mit Ihrem Kind sprechen. Gehen Sie nach Möglichkeit immer zu ihm hin, wenn Sie etwas von ihm wollen; sprechen Sie es direkt an, schauen Sie ihm dabei in die Augen. Vermeiden Sie, ihm etwas aus einem anderen Raum aus zuzurufen; das Risiko, dass Ihr Kind dies dann kurzerhand überhört und gar nicht reagiert, ist zu groß. Auch sollten Sie Ihm keine Anweisungen geben, wenn Sie gerade sehr abgelenkt und intensiv mit einer Arbeit oder Ähnlichem beschäftigt sind. Unterbrechen Sie Ihre Tätigkeit kurz und nehmen Sie sich einen Moment Zeit, damit Ihr Sohn/Ihre Tochter spürt, dass die Worte wichtig sind, die Sie mit ihm/ihr sprechen.

Den richtigen Ton finden

Reden Sie mit fester, bestimmter, aber dennoch warmherziger Stimme mit Ihrem Kind. Lassen Sie keinen Zweifel aufkommen an dem, was Sie ihm mitteilen wollen. So wird es auf Ihre Anweisungen hören und gar nicht erst eine Diskussion anfangen.

Zeigen Sie auch durch Ihre Körperhaltung, dass Sie Ihrem Kind zugewandt sind. Sprechen Sie nicht von oben herab, sondern beugen Sie sich zu Ihrem Kind herunter oder bücken Sie sich gegebenenfalls, damit Sie auf einer Ebene sind und guten Blickkontakt haben. Sie können Ihr Kind – je nach Alter – auch bei der Hand nehmen, um Ihren Worten Nachdruck zu verleihen und es zum Beispiel auffordern, für die Erledigung der Hausaufgaben zu seinem Schreibtisch zu gehen. Vermeiden Sie aber in jedem Fall drängelnde oder gar drohende Gesten, wie zum Beispiel Ihren Sprössling zu schubsen oder ihn womöglich zur Tür hinauszudrücken. Auch das Erheben des Zeigefingers sollten Sie sich sparen.

Emotionen sind erlaubt

Nehmen Sie jedoch nicht alles zu genau. Natürlich müssen Sie jetzt nicht immer akribisch und konsequent auf Ihre Stimme und Ihre Worte achten, Sie sind ja schließlich nicht in der Schauspielschule. Auch ist es nicht schlimm, wenn Sie einmal aus der Haut fahren und ein kleines Donnerwetter über Ihr Kind schicken. Das gehört zum Familienleben dazu, das vertragen die Kids sehr wohl. Diese merken dann nämlich, dass sie zu weit gegangen sind, dass die Geduld der Eltern auch einmal ein Ende hat und dass es gewisse Grenzen gibt. Kinder können das sehr gut differenzieren und nehmen die verschiedenen Gefühlswelten (und natürlich auch Gefühlsausbrüche) ganz genau wahr. Dies ist gut für ihre emotionale Kompetenz, es schult ihre eigene Sensibilität und ihren eigenen Gefühlsausdruck.

Solche emotionalen Ausbrüche sollten jedoch die Ausnahme bleiben und keineswegs zur Regel werden. Sonst leidet die Kommunikation, es gibt dann keine Klarheit mehr und das

Verständnis geht verloren. Kinder, die in Familien aufgewachsen sind, in denen (fast) nur gebrüllt wurde, haben logischerweise später selbst oft erhebliche Probleme mit ihrer sprachlichen Verständigung. Sie sind entweder schnell eingeschüchtert, leise und ängstlich (als Gegenreaktion zu den Erfahrungen im Elternhaus) oder sie poltern, ebenso wie die Eltern es immer getan haben, genau wie sie los.

Es lohnt sich also, dass Sie sich etwas kontrollieren, sowohl was Ihre Worte betrifft als auch Ihre Stimme und Gesten. Machen Sie sich dies zur täglichen Übung, falls Sie ein sehr aufbrausender, emotionaler Mensch sind. Sie werden sehen, dass es sogar Spaß macht und Erfolg bringt, denn Ihr Kind wird sein Verhalten bestimmt schon nach kurzer Zeit ändern und Ihren Anweisungen Folge leisten. Übrigens: Für Ihre Partnerschaft kann ein solches Kommunikationstraining ebenfalls von großem Nutzen sein, denn auch hier lassen sich viele alltägliche kleine Missverständnisse und Streitereien ausräumen, wenn man sich in der Kunst der klaren Verständigung ein Stück weit geübt hat.

3 Dritte Stufe: Worte in Taten umsetzen

So sollte es nicht sein: Kinder dürfen Anweisungen nicht ignorieren. Einer der häufigsten Erziehungsfehler ist, dass Eltern nicht konsequent darauf achten, ob Kinder ihren Anordnungen auch wirklich folgen. Die Mutter oder der Vater stellt zwar fest, dass zum Beispiel die Bitte »sammle deine verstreuten Kleidungsstücke ein und sortiere sie in den Schrank« ins Leere gegangen, einfach verpufft ist. Aber wie reagieren viele Eltern darauf? Mit Schimpfen, Vorwürfen, Drohungen, vielleicht auch mit der Ankündigung einer Strafe. Und dann? Dann passiert immer noch nichts. Schließlich sammelt die Mutter die Kleider selbst auf. Sie ärgert sich zwar darüber, lässt aber das Thema schnell fallen. Irgendwie ist ihr das alles zu mühsam. Denn ständig hinterher sein zu müssen, den Sprössling konsequent zu führen, seine Handlungen zu überprüfen – das ist ziemlich

Lieber handeln statt reden

Ertappen Sie sich auch hin und wieder dabei, dass Sie stundenlang mit Ihrem Kind herumdiskutieren, dass Sie mit vielen Erklärungen, Bitten und Tricks versuchen, es doch noch »auf die richtige Spur« zu bringen? Sparen Sie sich die vielen Worte, lassen Sie besser Taten sprechen. Bleiben Sie dabei ruhig und bestimmt, vor allem kann Sie dabei niemand aus dem Konzept bringen.

anstrengend. Vor allem weil Kinder unbewusst immer wieder ihre Grenzen testen und schauen, wie weit sie gehen können. Natürlich versuchen sie, mit der Nichtbeachtung der Regeln und Anweisungen durchzukommen. Wenn ihnen das öfter gelingt, weil die Eltern ihren hartnäckigen Verweigerungsversuchen schließlich unterliegen und sich nicht mehr um die Einhaltung der Anweisungen kümmern, dann haben die Kinder ein großes Terrain gewonnen, das sie dann stets weiter ausbauen wollen. Die Erziehungsaufgabe wird so immer schwerer, die Kinder machen irgendwann nur noch das, was sie wollen. Das kann sogar so weit gehen, dass sie zu kleinen Tyrannen werden und ihren Eltern regelrecht auf der Nase herumtanzen. Lassen Sie es nie so weit kommen!

So sollte es sein: Handeln Sie konsequent. Nur einmal durchgreifen und die Grenzen aufzeigen reicht nicht. Handeln Sie von jetzt ab immer unbeirrbar konsequent! Es ist nämlich ganz wichtig, dass Sie die Ausführung Ihrer klar und deutlich erteilten Anweisungen auch kontrollieren. Sollte Ihr Kind sich weigern, dann müssen Sie es darüber aufklären, was das bedeutet. Bleiben Sie dabei gelassen, sagen Sie in ruhigem Ton: »Du weißt, dass ich dir vorhin gesagt habe, du sollst deine Kleider aufräumen. Es ist wichtig, dass wir alle auf Ordnung achten. Außerdem ist es auch für dich viel schöner, wenn nicht alle Sachen verstreut in deinem Zimmer herumliegen, sondern ihren Platz im Schrank haben.« Sie können Ihrem Kind anbieten, ihm ein bisschen zu helfen, zum Beispiel ihm zeigen, wie man

Pullover oder T-Shirts richtig zusammenlegt. Machen Sie ihm aber auch deutlich, dass es dies das nächste Mal alleine erledigen muss. Wenn Sie das nicht tun, wird Ihr Kind wahrscheinlich versuchen, die Aufgabe doch nach und nach wieder an Sie zu delegieren.

Konsequenzen vorher überlegen

Reagiert Ihr Kind immer noch nicht, dann erklären Sie ihm, dass dies Konsequenzen nach sich zieht. Welche das sind, sollten Sie sich bereits vorher überlegt haben, damit Sie gleich handeln können. Es gibt kein verärgertes Diskutieren und kein Jammern. Vielleicht sagen Sie ihm, dass Sie dann auch seine frisch gewaschene Wäsche nicht mehr in seinen Schrank räumen und es dies selbst tun muss, weil Sie aufgrund der Unordnung nicht an seinen Kleiderschrank herankommen. Oder Ihr Sprössling darf dann eben die Lieblingssendung im Fernsehen am nächsten Tag nicht ansehen oder der versprochene Ausflug ins Museum muss noch warten. Wichtig ist, dass Ihr Kind zu der Einsicht gelangt, dass sein (Fehl-)Verhalten sich nicht auszahlt, dass es angenehmer und vorteilhafter ist, zukünftig die Anweisungen zu befolgen.

✔ Kleine Kinder besser an die Hand nehmen

In den ersten Lebensjahren verstehen die Kleinen eher eine nonverbale Kommunikation als Worte. Das heißt, die Verständigung durch Gesten, durch Mimik und andere optische Signale funktioniert viel besser als wenn Eltern ihnen alles immer wieder erklären. Mütter und Väter sagen ihren Kindern oft hundert Mal, dass diese nicht mit dem Messer herumhantieren sollen oder dass sie nicht so nah am Schwimmbadrand stehen dürfen. Oft reagieren die Kids jedoch mit Nichtachtung auf solche wohlmeinenden Ermahnungen. Weitaus wirkungsvoller ist es hingegen, wenn Sie Ihre Aufforderung nur einmal aussprechen, dann aber handeln. Nehmen Sie Ihrem Kind das Messer weg und legen Sie es in die Küchenschublade oder führen Sie es draußen, am Schwimmbad, an Ihrer Hand zur großen Wiese, wo es gefahrlos spielen und herumtollen darf.

✔ Treffen Sie Vereinbarungen. Diesen Lernprozess und die Erfahrung von positiver oder eben negativer Auswirkung können Sie unterstützen, indem Sie mit Ihrem Kind vorher Vereinbarungen absprechen. Darin sollte auch eine Belohnung für gutes Verhalten in Aussicht gestellt werden, beispielsweise »wenn du in der Woche, in der ich besonders viel zu arbeiten habe, immer den Tisch abräumst, backe ich dir dafür auch am Wochenende deinen Lieblingskuchen.« Solche oder ähnliche Belohnungen sind für Ihren Nachwuchs dann ein guter Anreiz, sich an bestimmte Regeln zu halten und seine Aufgaben – wie von den Eltern gewünscht – zu erfüllen.

Regeln für jedes Alter

Sie haben nun erfahren, wie Sie für Ihr Kind einen optimalen Erziehungsrahmen schaffen und wie sich die Erziehungsregeln in die Praxis umsetzen lassen. Jetzt stellt sich die Frage, welche Regeln für welches Alter zutreffen – vom Baby bis zum Schulkind. Vielleicht fragen Sie sich an dieser Stelle: Regeln für mein Baby, das ist doch noch viel zu früh, oder? Klar, in diesem Alter sind nur Fürsorge, liebevolle Pflege und viel Zuwendung nötig. Aber auch Ihr Baby kann und sollte bereits bestimmte Dinge lernen, die für sein späteres Leben und für das Zusammensein innerhalb der Familie wichtig sind.

Regeln fürs Baby

Auch ein Säugling ist schon eine richtige kleine Persönlichkeit. Er ist ein Wesen in der Gemeinschaft, dessen Wünsche und Bedürfnisse Sie akzeptieren und auch weitgehend erfüllen sollten. Versetzen Sie sich einmal in die Gefühlswelt dieses Winzlings hinein: Was empfindet er wohl? Gibt es da nicht auch schon zum Beispiel die Einsamkeit, wenn er ganz alleine in seiner Wiege liegt, den dringenden Wunsch nach Nähe, Sicherheit und Geborgenheit verspürt? Das Baby braucht vor allem den Körperkontakt zu seinem Vater und seiner Mutter. Dieser ist sehr wichtig und bildet die Basis für seine ganze weitere Entwicklung.

Ein Säugling möchte möglichst viel herumgetragen, geschaukelt und gehalten werden. Sie dürfen ihn also in den ersten Lebensmonaten mit gutem Gewissen verwöhnen. Haben Sie keine Sorge, dass Sie in dieser Zeit zu viel des Guten tun. Denn nur so kann Ihr Baby eine intensive Beziehung zu Ihnen aufbauen; das sind seine ersten zwischenmenschlichen Beziehungen überhaupt. In seiner Familie fühlt es sich angenommen und geborgen. Aus dieser Sicherheit heraus wird sich Ihr Kind wesentlich leichter von Ihnen führen und erziehen lassen.

Eine kleine Alltagsgeschichte: Britta M. entbindet ihre Tochter, die kleine Luisa, per Kaiserschnitt. Sie liegt zunächst 15 Stunden in den Wehen, als die Ärzte schließlich entscheiden, dass eine Operation nötig ist. Aber dann geht doch alles gut; als Britta aus der Narkose erwacht, ist sie überglücklich über ihr hübsches, gesundes Baby. Schon in den ersten Wochen nach der Geburt merkt die junge Mutter allerdings, dass das Leben mit einem Säugling extrem anstrengend ist. Vor allem ist sie noch immer von der Geburt körperlich geschwächt und kann den versäumten Schlaf kaum nachholen. Das Kind schreit, wie jeder Säugling, alle zwei bis drei Stunden, auch in der Nacht, und will gestillt werden.

»Ich hatte mich so auf die Kleine gefreut, aber jetzt bin ich gar nicht in der Lage, mich richtig um sie zu kümmern, weil ich keine Kraft dazu habe«, vertraut Britta eines Tages ihrer besten Freundin an. Erst als Brittas Mutter zu Hilfe kommt und sich zwischendurch immer wieder um das Kind kümmert, während Britta sich ausruhen kann, ist die frisch gebackene Mama langsam wieder fit genug, um ihr Neugeborenes liebevoll und mit großer Freude zu versorgen. Ihr Ehemann Karl M. nimmt sich während der ersten beiden Lebensmonate seiner kleinen Tochter Luisa öfters zwischendurch ein paar Tage Urlaub und hilft, wo er nur kann. Auch das ist eine wertvolle Unterstützung und schweißt die kleine Familie gleich zu Beginn umso mehr zusammen. So ist der Vater von Anfang an für Luisa ebenfalls eine sehr enge, vertraute Bezugsperson, von der sie viel lernen kann.

Das alles lernt ein Baby

So wie Britta in unserer kleinen Geschichte ergeht es vielen Müttern, nachdem sie ein Kind entbunden haben. Die Freude auf den Nachwuchs ist zunächst groß, aber wenn das Baby erst einmal da ist, wird den Eltern bewusst, wie anstrengend so ein kleiner, süßer Schreihals eigentlich ist. Holen Sie sich also, wie in unserem Beispiel, getrost Unterstützung von außen. Das ist keine Schande, sondern ganz normal. Und dann können Sie sich auch umso besser um Ihr Kleines kümmern.

Natürlich weiß Ihr Baby noch nicht, was richtig und was falsch ist. Es schreit einfach, wenn ihm danach ist. Auch wenn Sie es nicht glauben, aber in den ersten Monaten seines Lebens lernt es bereits ungeheuer viel; so viel wie übrigens später nie mehr! Es kann auch schon aus Ihren Reaktionen lernen, zum Beispiel was Sie gut finden, was Ihnen gefällt, und es kann sein Verhalten daran anpassen. Ihr Säugling merkt schnell, dass Sie als Eltern sich freuen, wenn er lacht und vor Vergnügen quietscht; er bekommt auch mit, dass Sie besorgt zu ihm eilen, wenn er laut weint und schreit, weil er Hunger hat oder weil er getragen werden möchte. Außerdem spürt Ihr Säugling, wenn Sie ständig übermüdet und genervt sind.

In diesem Alter geht es besonders darum, dass Sie über den Mechanismus von Aktion und Reaktion die Bedürfnisse Ihres Kindes behutsam lenken und sein Verhalten nach und nach in die Richtung steuern, die für Sie erwünscht ist. Das betrifft ganz am Anfang vor allem den Schlafrhythmus und die Zeiten fürs Stillen oder fürs Fläschchen. Ein wenig später dann geht es um das Krabbeln in der Wohnung, um den Umgang mit Spielzeug und vieles mehr. Ihr Kind lernt ununterbrochen, jeden Tag. Es erfährt, dass Sie zur Stelle sind, wenn es Hunger hat, dass es ins Bettchen gelegt wird, wenn es müde ist. Es hat auch ständig Forderungen an Sie, es will getragen und liebkost werden, es will getröstet werden, wenn es Bauchschmerzen hat und es weint, wenn es sich vernachlässigt fühlt. Wenn Sie es trotzdem nicht beachten, schreit es so lange, bis Sie sich schließlich seiner annehmen.

Ihr Kind nimmt schnell wahr, ob Sie sich gerne mit ihm beschäftigen oder ob Sie keine Zeit haben. Es lernt, dass es Momente gibt, in denen es sich auch einmal alleine vergnügen muss, dass es mit seiner bunten Rassel spielen kann oder dass sein Schmusepüppchen für Abwechslung sorgt. Ein wenig später erfährt es, dass es seinen eigenen Spielbereich hat, in dem es tun und lassen kann, was es möchte. Es geht auf Entdeckungsreise, krabbelt durchs Wohnzimmer und erforscht nach

✔ Kleines Regel-ABC fürs Baby

Im ersten Lebensjahr lernt Ihr Kind schon eine ganze Menge. Die folgenden Regeln sollten für Eltern und Kind gelten:

- Das Baby hat eigene Bedürfnisse wie Hunger, Durst und Schlafen.
- Mama und Papa haben Gefühle, die gut (positiv) oder schlecht (negativ) sein können und vor allem auch etwas mit dem Kleinen selbst zu tun haben können.
- Auch das Baby selbst kann Gefühle zeigen, es vermag zu schreien, zu weinen, zu jammern oder auch vor Freude zu lachen und zu jauchzen.
- Langsam entwickelt das Kleine einen Schlaf-wach-Rhythmus, es beginnt zu sitzen, zu krabbeln, zu laufen und zu sprechen.
- Es kann im Laufe der Zeit zwischen den eigenen Gefühlen und denen der Eltern unterscheiden.
- Nach ein paar Monaten lernt Ihr Kind sogar schon die ersten »Spielregeln« in der Familie kennen: Mama ist genervt, wenn der Brei auf dem Boden statt im Mund landet, Mama und Papa wollen nachts nicht so oft geweckt werden und – die wichtigste Regel überhaupt – Mama und Papa sorgen dafür, dass es dem Kind gut geht.
- Geben Sie dem neuen Erdenbürger so viel Unterstützung wie möglich und lassen Sie sich dabei notfalls auch von anderen helfen.

Wichtige Reaktionen

Ihr Baby lernt schon ganz früh, dass es in einer Welt voller Gefühle lebt. Es liest an den Gesichtern der Eltern ab, ob diese fröhlich oder vielleicht ärgerlich auf sein Verhalten reagieren. Eine positive, freudvolle Grundeinstellung gegenüber dem Kind ist daher von großer Bedeutung.

und nach den ganzen Raum. Es hört Ihr mahnendes »nein!« und ahnt, dass das nur ein Verbot sein kann. Auch einen strengen Blick, falls es gerade an der Tischdecke zieht oder die Bücher aus dem Regal räumt, weiß es sehr wohl schon zu deuten.

Ihr Kind erkennt, dass es Bedürfnisse hat, zum Beispiel zu essen und zu schlafen, und es merkt auch schon, dass Sie, Mutter und Vater, nicht mit allem einverstanden sind. Aber es weiß auch, dass es bereits selbst entscheiden kann, beispielsweise wann Hunger und Durst gestillt sind.

Regeln fürs Kleinkind

In den letzten Monaten hat Ihr Nachwuchs in seiner Entwicklung vom Baby zum Kleinkind bereits viele wichtige Fähigkeiten erworben, auf denen er jetzt aufbauen kann. Er hat laufen gelernt und spricht die ersten Worte; seine Sprache wird nun immer besser, immer klarer. Ihr Kleines kann Kontakt zu anderen Kindern aufnehmen, für sich oder mit anderen spielen, seine Bauklötze auftürmen und wieder umwerfen. Vielleicht kann es auch schon weitgehend alleine essen. Bei all diesen Tätigkeiten gewinnt das Kind zunehmend an Eigenständigkeit und ist stolz, wenn es etwas selber kann. Ihr Sprössling wird jetzt auch immer geschickter. Er möchte vieles alleine machen, beim Essen zum Beispiel den Löffel halten, selbstständig aus dem Becher trinken, vielleicht auch sich an- und ausziehen. Letzteres allerdings ist nicht für alle Kinder eine Freude und daher oft mit Weigerung verbunden.

Eine kleine Alltagsgeschichte: Wütend trommelt der zweijährige Jonas mit den Fäusten auf den Fußboden und wirft seine Spielzeugautos in die Ecke. Der

Grund: Mama möchte den versprochenen Kauf der Autogarage auf den nächsten Tag verschieben. »Will jetzt Garage haben!«, brüllt Jonas unter Tränen, während Lara S., seine Mutter, versucht, den Kleinen zu beschwichtigen. In ruhigem Ton erklärt sie ihrem Kind jetzt, dass die Geschäfte bald schließen würden und dass sie vorher noch rasch etwas zum Abendessen einkaufen müsse. Aber das hilft alles nicht, Jonas stampft trotzig mit den Füßen auf und fährt mit einer blitzschnellen, zornigen Handbewegung durch seinen Bauklotz-Turm, den er am Vortag mit dem Opa mühevoll aufgebaut hatte. Das Bauwerk kracht unter lautem Getöse zu Boden.

Lara zeigt nun auf die vielen kleinen Kissen auf Jonas Bett, mit den Worten: »Hier, die kannst du auf die Matratze knallen, so lange, bis du nicht mehr wütend bist.« Dann verlässt die Mutter das Zimmer und wartet, bis sich der Junge beruhigt hat. Als sie nach einer Weile zu ihm zurückkommt, sitzt er ruhig auf dem Teppich und lässt ein kleines Auto um seine Knie kreisen. Ob Jonas von den Kissen als Ventil für seinen Zorn Gebrauch gemacht hat, weiß Lara nicht …

Das alles lernt ein Kleinkind

In der Kleinkind-Phase lernt Ihr Sprössling besonders durch Nachahmung. Er erlebt tagtäglich die gleichen Abläufe, zum Beispiel wie Mama und Papa Zähne putzen, wie sie essen, wie sie ihre Jacken anziehen und vieles mehr. Das möchte er natürlich imitieren und auch selbst erledigen können. Wenn Ihr Kind allerdings ins Spiel vertieft ist, gestalten sich solche »kleinen Pflichten« manchmal als lästig und schwierig, denn es will dabei eigentlich nicht gestört werden.

Zudem wird Ihr Kind ab einem Alter von etwa zwei Jahren regelrecht zu einem kleinen Forscher und Erfinder. Seine Neugier ist riesig, sein Tatendrang unbändig. Ihr Kind will alles kennen lernen, alles entdecken, alles wissen. Es möchte vor allem die Welt, die es umgibt, verstehen. Es läuft nicht nur im Zimmer umher; es kommt nun bereits schneller vorwärts und kann rennen. Da läuft das Kleine auch schon einmal schnurstracks draußen auf der Straße einem kleinen, süßen Hund entgegen, losgelöst von Mamas Hand. Schließlich muss so ein Tier gestreichelt werden! Der Schwerpunkt liegt in diesem Alter in der Fortbewegung, daher müssen Mütter oft viele Stunden am Tag ihrem Nachwuchs regelrecht hinterherlaufen. Ihr Kind vermag jetzt zu klettern und zu balancieren, es überwindet Hindernisse und fällt auch einmal hin, weil es sein Können noch nicht richtig einschätzen kann. Doch das gehört dazu, es ist ein wichtiger Lernprozess.

Aber auch Bereiche wie das Sprechen und viele andere Aktivitäten sind für Ihr Kind jetzt hochinteressant. Ihr Sohn oder Ihre Tochter möchte nun immer öfter eigene Wege finden. Natürlich schaut er/sie noch viel ab, versucht auch vieles im Alleingang. Das Kind spielt phasenweise vor sich hin, ohne Ihr Beisein und ohne Ihre Unterstützung. Es türmt Bauklötze auf, stapelt Schachteln ineinander und probiert, ob Papas Autoschlüssel in das Schloss der Haustüre passt. Es wiederholt seine Handlungen so lange, bis es erforscht hat, wie sie funktionieren.

Beim Essen gelingt es ihm schon recht gut, kleine Stücke mit der Gabel aufzuspießen, im Notfall nimmt es dann doch noch die Hände zu Hilfe. Dabei lernt es die Zusammensetzung und die Form der Nahrung kennen. Ihr Kleines trinkt sicher schon selbstständig aus der Tasse. Es macht nichts, wenn mal etwas daneben geht. Aber nicht nur das Nachahmen häuslicher Tätigkeiten ist reizvoll, Ihr Zögling will sich langsam auch selbst die Mütze aufsetzen oder die Schuhe ausziehen.

Lassen Sie Ihr Kind möglichst gewähren, aber verweisen Sie es natürlich auch, wenn nötig, in seine Schranken. Zeigen Sie Ihrem Kind nicht zu viel, sondern lassen Sie es nach Möglichkeit selbst Erfahrungen sammeln und herumexperimentieren. Durch Ausprobieren lernt es wesentlich mehr als durch Nachmachen. Dennoch ist das Imitieren immer noch ein wichtiger Faktor in seinem Entwicklungsprozess. Wenn Sie ihm nun jedoch schon ein paar Freiheiten

Kleine Fortschritte

Ihr Kind wird mit der Zeit immer geschickter, es kann vielleicht schon große Holzperlen auffädeln oder mit seinem Plastikgeschirr Wasser von der Kanne in die Tasse umfüllen. Ihr Kind lernt so verschiedene Materialien kennen und deren Formen zu unterscheiden. Alle kleinen Fortschritte erfüllen es mit großem Stolz.

zubilligen, die Möglichkeit, bestimmte Dinge alleine zu tun, dann ist das ein erster Schritt auf seinem langen Weg in die Selbstständigkeit.

Wenn Trotzkopf sich weigert

Langsam ist Ihr Kind so weit, dass es in der Lage ist, seine Handlungen zu planen. Es kann Vorbereitungen treffen, um ein bestimmtes Ziel zu erreichen. Will es beispielsweise einen bestimmten Gegenstand holen, der in einem Regal liegt, klettert es auf einen Stuhl. Für viele Eltern ist diese Zeit sehr anstrengend und nervenaufreibend. Ihre Geduld wird nicht selten auf die Probe gestellt. Denn auch das Trotzalter rückt näher und Sie merken, dass Ihr Kind ein richtiger Dickschädel sein kann. Diese Zeit spielt eine bedeutende Rolle für die ganze weitere Entwicklung des kleinen Erdenbürgers. Sie prägt seine Persönlichkeit. Das Kind merkt, dass es seine Wünsche durchsetzen kann (oder auch nicht) und gerät manchmal schon wegen einer Kleinigkeit in Wut. Erwachsene können dies oft nur schwer verstehen und haben ihre liebe Not, nicht auch in Rage zu kommen. Denn die Wutausbrüche der Kids stellen die Nerven der Eltern mitunter sehr stark auf die Probe.

Bleiben Sie in solchen Situationen möglichst gelassen, beobachten Sie Ihr Kind zwar, aber schenken Sie ihm nicht zu viel Aufmerksamkeit. Denn wenn es sich einmal so richtig in seinen Trotz verrannt hat, dann werden Sie mit Erklärungen und guten Ratschlägen nicht weit kommen. Am besten warten Sie, bis der Zornesausbruch vorbei ist. Danach ist Ihr Kind sicher wieder zugänglich. Mit kurzen Sätzen und minimalen Erklärungen erreichen sie es noch am ehesten.

Liebevolle Konsequenz (siehe auch Kasten Seite 14) ist hier ganz besonders notwendig.

Um sich zu einer eigenständigen Persönlichkeit zu entwickeln, braucht Ihr Kind auch die Trotzphase. Sie ist die Basis für selbstständiges Handeln und Fühlen in seinem ganzen weiteren Leben. Denn ob Sie es wollen oder nicht, schon jetzt beginnt der Ablöseprozess Ihres Kindes von seinen Hauptbezugspersonen, vor allem von der Mutter, die in der Regel am häufigsten mit ihm zusammen ist. Es tritt nun die Bewusstwerdung des Ichs ein, und Ihr Kind wendet sich auch anderen Personen zu. Nehmen Sie diese Phase Ihres Kindes ganz und gar an, zeigen Sie ihm, dass Sie es lieben. Das heißt aber nicht, dass Sie sein Verhalten und Gebaren immer für gut befinden. Wenn es spürt, dass es auch in Phasen des Zorns angenommen ist, wird es lernen, damit umzugehen.

So gehen Sie mit der Trotzphase richtig um

»Ich will aber nicht!« Jede Mutter und jeder Vater eines Kleinkindes kennt solche Reaktionen.

Ruhe und Gelassenheit

In der Trotzphase, wenn Ihr Kind immer wieder so richtig wütend wird, obwohl der Grund dafür gar nicht so gravierend zu sein scheint, sollten Sie Ihr Kind möglichst nicht bestrafen, sondern besser abwarten, bis der Sturm vorüber ist. Es darf seine Wut zwar haben, diese jedoch nicht an Ihnen auslassen oder womöglich Dinge kaputtmachen.

Die kleine Alltagsgeschichte vom zweijährigen Jonas ist keine Seltenheit. Trotzphasen treten gehäuft zwischen dem zweiten und vierten Lebensjahr auf – und dann oft ganz unvermittelt. Sie treffen die ahnungs- und hilflosen Eltern oft wie ein Blitz aus heiterem Himmel.

Aber die Trotzphase ist nichts Ungewöhnliches. Ebenso wie beispielsweise das Fremdeln, das sich besonders häufig zwischen dem achten und zwölften Lebensmonat zeigt, gehört Trotz zur gesunden Entwicklung eines Kindes. In dieser Phase lotet der Sprössling erstmals seine Grenzen aus und versucht, den eigenen Willen gegen den seiner Eltern zu stellen. Die Trotzphase hat eine besondere Bedeutung für die Persönlichkeitsentwicklung des Kindes, da sie ihm ermöglicht, eigene Stärke zu demonstrieren und Unabhängigkeit zu erlangen. Beides sind wichtige Voraussetzungen für spätere Durchsetzungsfähigkeit und Selbstbehauptung. Wenn den Eltern dies bewusst ist, fällt es ihnen leichter, die heftigen Reaktionen ihres Kindes zu akzeptieren und ihnen mit einer gewissen pädagogischen Ruhe und Gelassenheit zu begegnen.

Je nach Temperament und erlernten Verhaltensmechanismen reagiert jedes Kind auf andere Weise trotzig. Die einen bekommen Zornesausbrüche und Wutanfälle, manche weinen und jammern, wieder andere ziehen sich einfach ganz still zurück und meiden den Kontakt zu den Eltern oder Geschwistern.

Hier ein paar Tipps, um gelassener durch diese schwierige Phase zu kommen:

Konsequent bleiben: Das ist auch hier die wichtigste Regel! Wenn Ihr Kind trotzig reagiert, weil Sie ihm etwas verboten haben, zum Beispiel fünf Minuten vor dem Mittagessen noch Schokolade oder Gummibärchen zu naschen, sollten Sie auf keinen Fall schwach werden, auch wenn Ihnen das Theater noch so sehr auf die Nerven geht. Geben Sie bloß nicht um des Hausfriedens willen nach. Ihr Kind merkt dann nämlich, dass es nur laut genug schreien muss, um Sie umzustimmen und alles zu bekommen, was es will. Das ist gefährlich, weil es nun seinen Trotz gezielt als »Waffe« gegen Sie einsetzen kann und Sie es in Zukunft mit der Erziehung immer schwerer haben werden.

Die Ruhe bewahren: Lassen Sie sich von dem Ausbruch Ihres Kindes nicht in Angst und Schrecken versetzen. Es merkt nämlich, dass es Sie mit seinem Terror verunsichern kann, vor allem in der Öffentlichkeit, wo Ihnen der Anfall Ihres Kindes anderen gegenüber peinlich ist. Dann reagiert es vielleicht noch vehementer. Besser ist es, in gelassenem, sachlichem Ton mit dem Kind zu reden und es auf-

✔ Kleines Regel-ABC fürs Kleinkind

Im zweiten Lebensjahr kann Ihr Kind auf vielen bereits erworbenen Fähigkeiten aufbauen. Es lernt zunehmend soziales Verhalten, es spielt mit anderen Kindern, kann sich auch schon mit ihnen streiten und wieder vertragen. Es vermag zwischen »ich« und »du« zu unterscheiden, zwischen seinem Besitz und dem Besitz des anderen. Diese Zeit ist spannend für die Eltern, weil sie beobachten können, wie sich die Persönlichkeit ihres Nachwuchses formt, aber auch anstrengend, denn jetzt leistet das Kind oft Widerstand und wird mitunter ziemlich wütend.

✘ Ihr Kind lernt zunehmend »ich will« oder »ich will nicht« zu sagen, das Wort »nein« kommt in seinem Sprachschatz häufiger vor. Es versucht jetzt, seinen Willen durchzusetzen und seine Macht zu erproben. Reaktionen wie brüllen, sich auf den Boden werfen oder mit den Füßen gegen die Wand trommeln sind nichts Ungewöhnliches. Sie sollten sich nicht irritieren lassen. Bleiben Sie ruhig. Lassen Sie sich nicht vom Wutausbruch Ihres Kindes gefangen nehmen. Steigen Sie nicht auf sein Verhalten ein, schimpfen und diskutieren Sie nicht. Das würde seinen Zorn und seinen Trotz nur noch verstärken! Die beste Strategie ist, es zu ignorieren! Gehen Sie aus dem Zimmer oder – wenn das nicht möglich ist – kehren Sie Ihrem Kind eine Zeitlang den Rücken zu. Lassen Sie es sich austoben. Es wird schnell merken, dass es so nicht weiterkommt und sich dann beruhigen.

✘ Ihr Kind erfährt jetzt, was gut und was böse ist. Vielleicht schubst es nun auch mal den Spielkameraden, es zieht ein anderes Kind an den Haaren oder den Hund am Schwanz. Sie müssen Ihm auf jeden Fall ganz deutlich signalisieren, dass es keinesfalls anderen weh tun darf. Ihr Kind muss schon an Ihrer Körperhaltung sehen, dass Sie es ablehnen, wenn es sich destruktiv verhält. Auch Ihr Gesichtsausdruck soll diese Einstellung zeigen. Trösten Sie dann das Kind, dem Ihr Sprössling wehgetan hat. Die Botschaft muss lauten: Wenn du nett und gut zu deinen Mitmenschen bist, erfährst du liebevolle Zuwendung, wenn du aggressiv und böse reagierst, dann wenden sich die anderen von dir ab.

✘ Ähnliches gilt für den Fall, dass Ihr Kind etwas mutwillig zerstört, zum Beispiel mit seinem Spielzeugauto an die Wand fährt oder einer Puppe den Arm abreißt. Ihr Kind muss lernen, dass er dieses Spielzeug dann verliert, und es vor allem nicht einfach wieder ersetzt wird.

✔ Kleines Regel-ABC fürs Kleinkind

- Verweigert Ihr Kind vielleicht jetzt öfters das Essen oder panscht es mit seinen Händen darin herum? Schmeißt es vielleicht das Besteck auf den Boden und dreht den Kopf weg? Es muss in diesem Fall lernen, dass es dann gar nichts bekommt, auch nichts anderes. Es hat nun bis zur nächsten Mahlzeit zu warten.
- In diesem Alter erfährt Ihr Kind auch viel über das Besitzen: »Meins!« wird es jetzt öfter ausrufen und die Puppe der Spielkameradin an sich reißen. Nehmen Sie Ihrem Kind die Puppe wieder weg, und geben Sie sie der Besitzerin zurück. Machen Sie Ihrem Kind dabei klar, was es mit Besitztümern auf sich hat. Auch wenn Sie nicht wollen, dass es mit bestimmten Dingen von Ihnen herumhantiert, sollten Sie dies deutlich signalisieren: »Dieses Buch gehört mir, das darfst du nicht haben.«
- Zudem müssen Sie Ihr Kind im Spielzeuggeschäft oder in anderen Läden in seine Schranken verweisen. Es soll nicht gleich alles bekommen, was es sich wünscht. Es muss wissen, dass man auch mit einigen wenigen Dingen zufrieden sein und fantasievoll spielen kann.
- Auch was den Zuckerkonsum betrifft, gibt es klare Grenzen. Ein bisschen naschen nach dem Essen ist erlaubt. Aber als Zwischenmahlzeiten gibt es beispielsweise gesundes Obst, Milchprodukte mit wenig Zucker oder rohes Gemüse mit einem köstlichen Dip. Leckereien wie Schokolade und Bonbons sollten Ihrem Kleinen nicht ununterbrochen zur Verfügung stehen, sondern wohl dosiert als etwas Besonderes gereicht werden.

zufordern, sich zu beruhigen. Wenn das nicht hilft, dann soll Ihr Kind sich erstmal austoben; warten Sie, bis es wieder normal reagiert. Geben Sie ihm »Aggressionsventile« wie Kissen oder Gummibälle, auf die es boxen und dadurch seine Wut abreagieren kann. Das hilft garantiert!

Zuwendung zeigen: Vor allem wenn der Wutausbruch vorüber ist, benötigen Kinder Trost und Zuspruch. Sie wollen die Sicherheit haben, dass das elterliche Vertrauen weiterhin besteht und die Beziehung nicht gelitten hat.

Die Situation erklären: Kinder lassen sich oft erstaunlich schnell wieder beruhigen, indem die Eltern ihnen die Hintergründe eines bestimmten Ge- oder Verbots begreiflich machen. Wenn Sie beispielsweise Ihrem Kind erklären, dass Sie ihm jetzt nicht die Filzstifte kaufen möchten, weil es zu Hause sowieso schon zwei Packungen davon hat, es aber bei der nächsten passenden Gelegenheit stattdessen eine Packung Knetmasse bekommt, wird es sich bestimmt einsichtig zeigen und schon auf das Geschenk freuen. Auch Kompromiss-Lösungen helfen oft, den Frieden wieder herzustellen: Wurde der Vanillejoghurt gerade schon vom kleinen Bruder ausgelöffelt, dann machen Sie Ihrem aufständischen Zwerg, der leer ausgegangen ist, doch ein Marmeladebrot oder einen Bananenquark schmackhaft. Oder wenn Ihr Kind unbedingt »jetzt und sofort« auf den Spielplatz gehen möchte, können Sie ihm anbieten, ein schönes Spiel im Haus mit ihm zu machen oder ihm etwas vorzulesen.

Das Kind ablenken: So hartnäckig sich die Kleinen manchmal auch einbilden mögen, unbedingt etwas Bestimmtes haben zu wollen, so schnell lassen sie sich aber oft gleich wieder von etwas anderem fesseln. Nutzen Sie diese Neugierde und den Entdeckungsdrang Ihres Kindes, indem Sie sein Interesse einfach auf etwas anderes lenken. Erklären Sie ihm im Supermarkt beispielsweise die vielen Gemüse- und Obstsorten, suchen Sie mit ihm zusammen die Waren aus und führen Sie ihn unbemerkt an den Regalen mit Schokolade und Bonbons vorbei.

Regeln fürs Kindergartenkind

Inzwischen hat Ihr Kind schon große Fortschritte gemacht, es ist in einem Alter, wo es in den Kindergarten gehen kann. Ihr Kind ist nun eine richtige kleine Persönlichkeit. Mit seinen drei Jahren ist es neugierig und zielstrebig. Es möchte unbedingt die Welt erobern und viel Neues erfahren. Und das wird es auch! Es erprobt seine Fähigkeiten immer und überall. Es klettert, turnt und balanciert jetzt schon recht sicher und erweitert sein Können mehr und mehr. Sein

Haushalt und Beruf

Viele Mütter, die sich ausschließlich um ihr kleines Kind gekümmert haben, atmen mit dem Eintritt in den Kindergarten ein wenig auf. Denn jetzt ist die Zeit gekommen, in der sie wieder mehr an sich selbst denken können und ganz in Ruhe ihren Haushalt versorgen oder wenigstens halbtags in ihren alten Beruf zurückkehren können. Nutzen Sie diese Chance!

Bewegungs- und Forscherdrang werden immer größer. Der Eintritt in den Kindergarten ist ein Meilenstein in der Entwicklung Ihres Kindes und eine neue Herausforderung, auch für die Eltern. Ihr Kind setzt sich täglich mit anderen Gleichaltrigen auseinander. Es erwirbt weitere Fähigkeiten, im emotionalen und im zwischenmenschlichen Bereich. Auch diese bilden ein Fundament für sein späteres Leben.

Eine kleine Alltagsgeschichte:
Anja R. hat für ihren kleinen Florian einen Montessori-Kindergarten ausgewählt. Heute ist der erste Tag, an dem sie ihren Buben am Vormittag dorthin bringt. Stolz marschiert der Dreijährige an der Hand seiner Mutter, mit einer kleinen Brotzeittasche um den Hals, auf das große, bunte Gebäude zu – genau wie viele andere Kinder. Als kurz darauf sein Raum mit der Aufschrift »Mäusegruppe« gefunden ist, bekommt er von einer freundlichen Kindergärtnerin einen Kleiderhaken zugewiesen. Selbstständig, wie ein »Großer«, legt er Jacke und Mütze ab und zieht seine Schuhe aus.

Dann naht der spannende Moment: Es ist an der Zeit, von der Mama Abschied zu nehmen. Florian ist so überwältigt von den vielen neuen Eindrücken und den zahlreichen Kindern um sich herum, dass er kaum bemerkt, wie sich die Mama nach einem flüchtigen Abschiedskuss langsam entfernt. Anja winkt noch einmal kurz, dann verschwindet der Junge in einem Haufen kleiner Spielgefährten. Die Kindergärtnerin beugt sich liebevoll zu den Kindern herunter und scheint ihnen etwas zu erklären.

Als Anja das Gebäude verlässt, wischt sie heimlich eine

Ärger mit dem Anziehen

Fast jede Mutter kennt das Problem mit dem Anziehen. Sie wollen rasch zum Einkaufen gehen, Ihr Kind braucht jedoch eine halbe Ewigkeit, bis es angezogen ist. Sie wollen helfen. »Selber machen!«, wird Ihnen entgegnet. Einerseits möchte Ihr Kind selbstständig sein, andererseits gelingt es ihm aber nicht, weil ihm noch bestimmte Fertigkeiten fehlen. Hier brauchen Sie einfach viel Geduld. Überforderung wäre für seine Entwicklung nicht förderlich, aber Unterstützung ist sinnvoll.

Träne von ihrer Wange. Das ist er also, der Tag, an dem ihr Sohn, gerade mal drei Jahre alt, den ersten großen Schritt ins Leben geht. »Und er hat mir nicht einmal nachgewinkt«, denkt sich die junge Mutter ein bisschen wehmütig, gleichzeitig aber doch froh, dass der Übergang in den Kindergarten für ihr Kind so reibungslos verlief. Fragen über Fragen schießen Anja nun auf dem Nachhauseweg durch den Kopf: Ist mein Sohn in einer netten Gruppe? Wird er liebe Freunde finden? Machen ihm die dort angebotenen Spiele auch Spaß? Habe ich ihm genügend Brotzeit mitgegeben? Wird er denn auch sicher nicht in die Hose ...? Das sind Fragen und Momente, die vielleicht auch Sie kennen oder noch erleben werden. Aber keine Sorge, Ihr Kind kommt besser zurecht als Sie glauben.

Das alles lernt ein Kindergartenkind

Spracherwerb: Ihr Kind hat nun schon viele Fertigkeiten erworben. Es kann bereits ganze Sätze sprechen und Ihnen richtig viel erzählen, sogar kleine Geschichten voller Fantasie. Sein Wortschatz erweitert sich von Woche zu Woche erheblich. Auch schwierige Wörter sind kaum mehr ein Problem.

Ihr Nachwuchs ist jetzt mitten im »zweiten Fragealter«, das erste haben Sie vor rund einem Jahr mit ihm erlebt. Das Wörtchen »warum« ist sein Lieblingswort und geht Ihnen vielleicht manchmal ein wenig auf die Nerven. Alles wird erfragt, zum Beispiel wenn Sie sagen: »Der Papa hat seine Jacke vergessen«, folgt prompt die Frage »warum?« Oder wenn es heißt: »Wir gehen jetzt zum Einkaufen«, hören Sie wieder das lästige »warum?« aus dem Mund Ihres Kindes. »Warum ist der Ball rund?«, »warum machst du die rote Farbe auf die Lippen?«, »warum hat der Opa keinen Rock an?« und »warum sind da Blumen?« So geht es den lieben langen Tag, und Sie müssen sich manchmal zusammenreißen, dass Sie Ihrem Kind nicht über den Mund fahren.

In dieser wichtigen Phase der Sprachentwicklung sollten Sie viel Geduld mit Ihrem Kind an den Tag legen. Das eine oder andere Mal ignorieren Sie vielleicht auch die Fragen. Bemühen Sie sich aber, möglichst viele Antworten zu geben. Ihr Kind braucht Ihre Hilfe in dieser Zeit, in der es die Welt zu erkennen und zu begreifen beginnt, ganz besonders. Je mehr es von Ihnen lernt, desto besser wird sein Wissensdurst gestillt und sein geistiger Horizont erweitert.

Motorik: Auch die motorischen Fähigkeiten, die körperlichen Bewegungs- und Ausdrucksmöglichkeiten und die Geschicklichkeit Ihres Kindes werden im dritten Lebensjahr immer größer. Es klettert nun vielleicht besonders gerne, es hat keine Schwierigkeiten mehr beim Treppensteigen, wenngleich es – ganz auf seine Weise – die Stufen vielleicht immer mit demselben Bein nimmt, statt abzuwechseln. Manche Kids werden in diesem Alter so richtig aktiv und sind fortwährend in Bewegung. Sie wollen fangen spielen und alles im Laufschritt erledigen. Sie erfreuen sich an regen Beschäftigungen und sind fast immerzu auf Achse. Diese Zeit ist für die Eltern ziemlich anstrengend, weil sie ihr Kind kaum aus den Augen lassen können. Ständig läuft es Gefahr, sich irgendwo weh zu tun. Sie können nun schon viel mit ihm unternehmen, das hat auch seine Vorteile. Viel Bewegung draußen an frischer Luft fördert seine körperliche Entwicklung natürlich sehr gut.

Ihr Kind bekommt nun eine immer bessere Fingerfertigkeit. Es kann schon recht gut malen, seine Kunstwerke sind nicht mehr reine Kritzeleien. Ihm gelingen jetzt Striche und geometrische Formen, aber auch Figuren, die eine menschlichen Gestalt oder den Körper eines Tieres ziemlich deutlich erkennen lassen. Der Stift wird nun weitgehend mit den Fingerspitzen gehalten, nicht mehr mit der Faust.

Wahrnehmung: Ihr Kind vermag jetzt auch immer bewusster seine Umgebung wahrzunehmen. Es erkennt dabei sogar kleine Details, kann Farben, Formen und Bilder vernünftig zuordnen. Seine sozialen Kontakte werden vertieft, es erwachsen kleine Freundschaften mit den Kameraden im Kindergarten, mitunter aber kommt es auch zu Streitereien. Ihr Kleines nimmt die Gefühle der anderen inzwischen schon recht differenziert wahr und kann vom Gesichtsausdruck oder von der Körperhaltung eines Mitmenschen auf dessen Gefühle schließen. Es spürt, wenn andere traurig oder zornig, wenn sie fröhlich und gut gelaunt sind. Auch wenn Ihre kleine Tochter oder Ihr Sohn selbst traurig ist, kann sie oder er dies deutlich benennen.

Soziale Kompetenz: Ihr Kind ist jetzt bereits fähig, ein ganz klein wenig Verantwortung zu übernehmen, zum Beispiel für eine gemeinsame Sache. Es wird mehr und mehr selbstständig. Die Teilnahme am Geschehen im Kindergarten ist erst möglich, wenn es alle diese Entwicklungsschritte vollzogen hat. Daher ist der Eintritt in den Kindergarten auch so ein großer Einschnitt in seinem Leben. Es folgen die erste Ablösung vom Elternhaus und zahlreiche große und kleine Herausforderungen in der Gemeinschaft. Wie in unserer kleinen Alltagsgeschichte ist der Beginn der Kindergartenzeit auch ein eingreifendes Ereignis im Leben der Eltern, in unserem Fall der Mutter. Sie muss ihr Kind loslassen und hinausschicken in die Welt. Das ist für viele Eltern nicht leicht, jedoch für eine gute Entwicklung des Nachwuchses dringend notwendig. Aber es bedeutet auch ein Stückchen mehr Selbstständigkeit für den Elternteil, der sich hauptsächlich um das Kind kümmert. So manche Mutter steigt dann, wenn das Kind »aus dem Gröbsten raus« ist, also einen

Sinnvolle Spiele

Im Mittelpunkt jeder pädagogischen Arbeit steht die soziale Erziehung. Das Kind lernt, in der Gruppe zurechtzukommen und mit Konflikten umzugehen. Dafür sind ein paar Strukturen vorgegeben. Es werden spielend Fertigkeiten vermittelt, die Phantasie und Kreativität anregen und die Feinmotorik fördern. An die Wissensvermittlung geht es jedoch erst in der Schule, jetzt noch nicht.

Kindergarten besucht, zumindest wieder halbtags in das Berufsleben ein.

Da Ihr Kind im Alter von drei Jahren auch immer selbstbewusster wird und seine eigene, schon recht starke Persönlichkeit entdeckt, wird seine Erziehung auch zunehmend schwieriger. Ihr Nachwuchs lässt sich nun nicht mehr so leicht führen. Er hat von vielen Dingen seine ganz eigene Vorstellung und will nicht selten seinen eigenen Kopf durchsetzen. Dieses Alter ist außerdem geprägt von zahlreichen Unabhängigkeitsbestrebungen. Seine inzwischen recht gut entwickelte Motorik, seine Bewegungsfreude und seine sprachlichen Fähigkeiten geben ihm ein wenig mehr Sicherheit bei allem, was er tut und erlebt. Ihr Kind versteht seine Rolle in der Welt der Erwachsenen und weiß, sie zu nutzen. Auch die Entdeckung des eigenen Geschlechts gehört zu diesem Prozess dazu.

Langsam ist Ihr Sprössling immer besser fähig, zwischen »ich« und »du«, »mein« und »dein« zu unterscheiden. Normalerweise nennt er sich zu Beginn des dritten Lebensjahres noch bei seinem Vornamen, mit der Zeit aber kann er das Wort »ich« gebrauchen und richtig einordnen. Er erkennt somit gleichsam sich selbst. Ihr Kind weiß nun, dass es der Verursacher bestimmter Handlungen mitsamt ihren Auswirkungen ist und es erfährt sein Dasein von einem völlig anderen Blickwinkel aus. Es befindet sich auf einer großen Entdeckungsreise zum eigenen Selbst und merkt, dass es seine Gedanken und Gefühle auch aus eigenem Antrieb steuern kann. All diese neuen Freiheiten sind allerdings

✔ Kleines Regel-ABC fürs Kindergartenkind

Während sich Ihr Kind den Herausforderungen im Kindergarten stellt, muss es auch noch die zeitweise Trennung vom Elternhaus verkraften. Damit das alles etwas leichter ist, helfen Ihnen die folgenden Tipps:

✘ Das Aufwachen, Aufstehen, Frühstücken, Zähneputzen und Anziehen sollte immer in der gleichen Reihenfolge ablaufen und zum festen Morgenritual werden.

✘ Wenn Ihr Kind trödelt, braucht es Unterstützung. Sie helfen nur, nehmen ihm aber nicht alles ab! Es soll ein Gefühl für die Zeit bekommen, notfalls geht es auch halbfertig in den Kindergarten, Mütze und Jacke zieht es erst unterwegs an. Erklären Sie die Bedeutung von Pünktlichkeit.

✘ Wenn Ihr Kind mit dem Kopf durch die Wand will und seinen Willen unbedingt durchsetzen möchte, dann müssen Sie stark bleiben und auch nein sagen können. Wenn Sie ins Schwanken geraten, geben Sie ihm keine Sicherheit und keine klare Linie.

✘ Lassen Sie Ihren Nachwuchs ruhig im Haushalt schon Kleinigkeiten erledigen. Das ist eine Vorübung für Kindergarten und Schule, zudem lernt er einen gewissen Gemeinschaftssinn.

✘ Bringen Sie Ihrem Kind bei, wie es anderen eine Freude bereiten kann: der Oma etwas Nettes basteln oder dem Papa einen schön verzierten Obstteller zubereiten. Andere geliebte Menschen wertschätzen und anerkennen ist eine sehr positive Haltung, die gefördert werden sollte.

✘ Achten Sie darauf, dass Ihr Kind einen höflichen Umgangston lernt, sich beispielsweise bedankt, wenn es etwas geschenkt bekommt.

✘ Lassen Sie dem Kind sein eigenes Reich. Es sollte zwar lernen, Ordnung zu halten, aber auch seine kleine Privatsphäre haben, mit geheimen Schatztruhen und Ähnlichem.

✘ Ebenso hat es Ihren (Frei-)Raum zu respektieren, einen Ort oder eine Zeit, wo es Sie nur im Notfall stören darf.

✘ Auch der Abend ist von einem bestimmten Ablauf geprägt. Das Ausziehen und Zähneputzen gehören ebenso zum Ritual wie die Gutenachtgeschichte und ein kleines Gespräch über Erlebnisse des Tages. Wichtig: die feste Zubettgehzeit. Wenn es heißt: »Mama, ich kann nicht schlafen«, dann darf Ihr Kind vielleicht noch eine ruhige CD hören. Wenn es Kummer hat, trösten Sie es. Aber lassen Sie sich auf keine Diskussionen über die Schlafenszeit ein.

auch schwer zu fassen und zu verarbeiten. Sich von gewissen Bindungen zu lösen, schafft ihm Probleme. Soll es nun seine eigenen Wünsche erfüllen oder besser die der anderen? Es kann die Tragweite seiner kleinen Entscheidungen noch nicht einordnen. Daher möchte es gerne vieles gleichzeitig tun, beispielsweise mit der Schwester Ball spielen und mit seinem großen Tretauto herumfahren, ein Bilderbuch durchblättern und im selben Moment der Mama beim Kuchen backen helfen. Es merkt, dass es so viele interessante Dinge im Leben zu tun gibt.

Nicht mehr klein, noch nicht groß: Das Alter von drei Jahren ist aber auch eine Zeit großer Unsicherheit sowie innerer Anspannung. Die Unruhe Ihres Kindes spiegelt sich in Schreckhaftigkeit und Ängstlichkeit wider. Daher braucht es gerade jetzt viel Geborgenheit und Bestätigung im Elternhaus. Das Kind reagiert vielleicht manchmal eigensinnig oder gelangweilt, mitunter wird es sogar böse. Das alles ist jedoch nur ein Ausdruck seiner inneren Zerrissenheit, seiner Unentschiedenheit, weil es nicht weiß, ob es dies oder das wählen soll, ob es für das »Ja« oder das »Nein« ist. Im einen Moment fühlt sich Ihr Nachwuchs schon ganz groß, dann wiederum spürt er, wie klein und hilflos er in Wirklichkeit noch ist. Immer wieder erfährt er, dass er seine Bedürfnisse nicht erfüllt bekommt und an seiner eigenen Unzulänglichkeit scheitert. Und nicht gerade selten merkt er, dass er von den anderen nicht verstanden wird. Er weiß jedoch nicht warum. Es fehlt ihm eben noch an präziser Ausdrucksmöglichkeit. Leider bekommt er auch nur allzu oft dieses unangenehme »nein« zu hören, vor allem dann, wenn er einen ganz bestimmten Wunsch hegt.

Hilfe, mein Kind will nicht in den Kindergarten!

Was soll ich tun, wenn mein Kind zwar alt genug ist, aber dennoch nicht in den Kindergarten gehen möchte? Diese Frage wird relativ häufig gestellt.

Lassen Sie Ihrem Kind Zeit! Die meisten Kindergärten bieten heute so genannte Schnupper-

✔ Welcher Kindergarten ist der richtige?

Es ist gar nicht so einfach, den geeigneten Kindergarten zu finden. Es gibt sehr unterschiedliche pädagogische Ansätze und Erziehungsstile. Ein Montessori-Kindergarten beispielsweise hat ganz andere Richtlinien und Erziehungsprinzipien als ein Regelkindergarten oder ein Integrationskindergarten, in dem behinderte und nicht behinderte Kinder gemeinsam spielen und lernen. Nicht immer finden Sie alle Möglichkeiten an einem Ort. Und nicht jeder Kindergarten ist für jedes Kind gleichermaßen geeignet. Diese Punkte und Ratschläge können Sie bei der Wahl des Kindergartens beachten:

- ✘ Günstige Entfernung von Wohnung oder Arbeitsplatz.
- ✘ Kann Ihr Kind dort Freunde finden, die in der Nähe wohnen, sodass es auch außerhalb der Kindergartenzeit mit ihnen spielen kann?
- ✘ Sind die Öffnungszeiten mit der Berufstätigkeit der Eltern vereinbar?
- ✘ Gibt es – falls notwendig – dort auch ein Mittagessen für Ihr Kind?
- ✘ Mit welchen Kosten ist der Kindergartenbesuch verbunden?
- ✘ Haben die Gruppen eine Größe von nicht mehr als 15 bis 20 Kindern?
- ✘ Gefallen Ihrem Kind die Ausstattung und vor allem der Spielplatz?
- ✘ Gibt es genügend Platz zum Spielen und Toben?
- ✘ Haben die Kinder Rückzugs- und Ruhemöglichkeiten? Sind »Kuschelecken« vorhanden?
- ✘ Gibt es für ein Kind die Möglichkeit, auch frei und unbeobachtet zu spielen?
- ✘ Erkundigen Sie sich, wie der Kindergarten die Kreativität der Kinder fördert. Mit welchen Materialien wird gearbeitet?
- ✘ Lassen Sie Ihr Kind mitentscheiden, ob ihm die Atmosphäre liegt und ob es sich dort wohl fühlen könnte.

tage an. Die Kleinen können vor dem eigentlichen Eintritt in den Kindergarten mehrmals einige Stunden in einer Gruppe verbringen. Solche Schnupperstunden machen regelrecht Lust auf neue Spielgefährten mitsamt den ganzen neuen Erfahrungen. Diese Möglichkeit sollten Sie unbedingt nutzen!

Manchmal ist es am Anfang ganz gut, wenn ein Elternteil zunächst mit im Kindergarten bleibt. Andererseits kann es auch ganz sinnvoll sein, wenn der Abschied kurz und schmerzlos erfolgt. Entscheiden Sie ganz individuell, je nachdem wie Ihr Kind reagiert.

Ein Kind, das noch nicht viel Kontakt zu anderen Gleichaltrigen hatte, sollte am besten zunächst nur für zwei bis drei Stunden in eine Nachmittagsgruppe gehen. Ihr Kind darf in den Kindergarten gehen, es muss jedoch nicht dort bleiben. Diese positive Einstellung sollten Sie ihm vermitteln. Ganz wichtig ist, dass Ihr Sprössling sich immer darauf verlassen kann, am Ende des Kindergartentages wieder abgeholt zu werden. Denn trotz aller Selbstständigkeit benötigt er die Geborgenheit und die Sicherheit der Familie!

Lassen Sie sich am Abend vor dem Schlafengehen erzählen, was Ihr Nachwuchs tagsüber im Kindergarten erlebt hat. Fragen Sie, was nicht schön war und was ihm ganz besonders gefallen hat. So kann er sich von einer Last befreien und schläft mit guten Gedanken ein.

Wichtige Kontaktpflege

Wenn Sie schließlich die richtige Institution für Ihr Kind gefunden haben, sollten Sie hin und wieder mit den Erzieherinnen kommunizieren, um die Entwicklung Ihres Kindes zu verfolgen und zu überprüfen. So sind Sie auch schnell informiert, falls es einmal Probleme geben sollte.

Wenn es nach drei bis vier Wochen immer noch regelmäßig einen tränenreichen Abschied gibt, dann ist es sinnvoller, den Besuch des Kindergartens erst einmal auszusetzen. Wahrscheinlich war jetzt doch noch nicht der richtige Zeitpunkt dafür. Sprechen Sie mit der Erzieherin, ob die Möglichkeit besteht, das Kind nach einem halben Jahr erneut zu bringen.

Regeln fürs Schulkind

Der Schulranzen ist gepackt, die Zuckertüte prall gefüllt. An der Hand ihrer Eltern betreten die ABC-Schützen aufgeregt und freudig zugleich zum ersten Mal das Schulhaus. Damit lassen die Kids die sorglose, inzwischen aber auch etwas langweilig gewordene Kindergartenzeit hinter sich. Mit dem Schritt über die Schwelle des Klassenzimmers beginnt für sie ein neuer, wichtiger Lebensabschnitt. Dieser erste Schultag ist für alle Beteiligten etwas ganz Besonderes. Jeder kann die Aufregung, die Freude und die Spannung spüren, die an diesem Tag in der Luft liegen. Es herrscht Aufbruchstimmung, denn der erste Schultag ist für die Kinder eine außergewöhnliche Zäsur in ihrem noch jungen Leben. Sie starten in eine neue Entwicklungsphase. Mit ihrer Lehrerin oder ihrem Lerher treten sie eine Reise in die Welt des Lernens an, voll ungeahnter Möglichkeiten, Abenteuer und Anforderungen. Zunächst lernen sie noch spielerisch, dann wird der Stoff ganz langsam etwas sachlicher aufbereitet, was natürlich auch Zug um Zug immer mehr Reife erfordert. Die kleinen Mädchen und Jungen dürfen sich jetzt mit völlig neuen Lerninhalten auseinandersetzen.

Eine kleine Alltagsgeschichte: Der erste Schultag steht vor der Tür, in ein paar Tagen ist es so weit. Die sechsjährige Laura scheint jetzt schon vor lauter Aufregung zu zerspringen. Das letzte Jahr im Kindergarten war für sie ziemlich langweilig geworden. »Das ist doch alles Babykram«, sagte sie manchmal genervt. Mehr und mehr hat sie in den vergangenen Monaten ihre Mutter mit Fragen überhäuft. Ihre Neugier auf Buchstaben, Zahlen, kleine Wörter und einfache Rechnungen wurde immer größer: »Mama, wie schreibt man das?« »Mama, was steht hier in dem Buch?« »Mama, was ist 6 plus 5?« Mittlerweile scheint Laura unersättlich in ihrem Wissensdurst zu sein. Der Mutter ist klar, dass Laura längst schulreif ist.

Endlich ist er da, der lang ersehnte erste Schultag. Laura ist ganz zappelig. Stolz steht sie bereit, mit ihrem neuen Schulranzen auf dem Rücken und der Zuckertüte in der Hand. Ihre Vorfreude ist riesig. Und dann betritt sie zum ersten Mal ihr Klassenzimmer. Laura setzt sich neben ein kleines Mädchen auf die Schulbank ganz nach vorne. Ein wenig wehmütig winkt sie der Mama noch zu, als diese nun mit all den anderen Müttern und Vätern den Klassenraum verlässt. Dann betritt die Lehrerin das Zimmer. Es wird plötzlich ganz still in der Klasse ...

Wie im Flug geht der Vormittag in der Schule vorüber. Als sie wieder zu Hause ist, erzählt die Sechsjährige der Mutter und den Großeltern lebhaft, wie ein Wasserfall sprudelnd, von ihrem aufregenden Schulvormittag und wie toll dieser war. Schließlich gehöre sie jetzt zu den »Großen«, verkündet sie stolz, und sie dürfe nun ganz viel lernen, bis sie all das wisse, was der Papa auch weiß!

Das alles lernt ein Schulkind

Jetzt endlich ein Schulkind zu sein erfüllt Ihren Knirps sicher mit großem Stolz. Er gehört von nun an zu den »Großen« und lernt das Lesen, Rechnen und Schreiben. Er darf nun auch endlich Hausaufgaben machen und viele neue Kinder kennen lernen. Der Schulanfang bedeutet aber auch Trennung von den alten Freunden im Kindergarten, von den Erzieherinnen und dem gewohnten Tagesrhythmus.

Unterstützung ist gefragt

Aus einem Kindergartenkind wird ein Schulkind. Das ist ein bedeutsamer, aufregender Schritt, nicht nur für Ihr Kind. Der Moment des Schuleintritts wurde von allen mit Spannung erwartet. Aber Ihr Kind ist jetzt noch lange nicht selbstständig, es braucht noch viel Unterstützung von Ihnen. Im Laufe der Zeit jedoch kann es immer mehr Dinge alleine erledigen.

Wenn Ihr Kind sehr neugierig wird, ausdauernd und fantasievoll spielt, Spaß am eigenen Tun hat und Sie meinen, es wird im Kindergarten eher unterfordert oder beginnt, sich dort zu langweilen, dann hat es sicherlich den wichtigen Ablösungsprozess vollzogen und ist reif für die Schule. Allerdings sollten Sie diesbezüglich auch die Meinungen der Kindergärtnerinnen, der Schule und eventuell des Kinderarztes einholen. Der Zeitpunkt der Einschulung wirkt sich nämlich oft auf die gesamte Schullaufbahn aus.

Ihr Sprössling bringt nun die körperlichen Voraussetzungen

✔ Kleines Regel-ABC fürs Schulkind

Ihr Sprössling hat im Kindergarten schon feste Strukturen kennen gelernt. Diese werden jetzt besonders wichtig, um das Lernen zu erleichtern und es dem Schulkind zu ermöglichen, alle Anforderungen zu bewältigen.

- Für seine Hausaufgaben braucht Ihr Kind jetzt einen eigenen Arbeitsplatz. Helfen Sie ihm beim Einbinden der Hefte und Bücher.
- Nach dem Mittagessen darf Ihr Kind erst ein wenig ausruhen oder spielen, dann erst beginnt die Erledigung der Hausaufgaben. Wenn es ausgeruht ist, kann es sich nämlich besser konzentrieren.
- Ihr Kind sollte seine Schularbeiten weitgehend selbstständig machen. Greifen Sie erst dann ein, wenn es Hilfe braucht. Und sparen Sie dabei nicht mit Lob!
- Wenn Ihr Kind sehr lange für seine Hausaufgaben braucht oder ohne Ihre Unterstützung gar nicht zurechtkommt, sollten Sie mit der Lehrerin oder dem Lehrer offen über die Probleme sprechen.
- Nach einigen Wochen sollte Ihr Kind seinen Schulranzen alleine packen, vielleicht auch seine Kleidung für den nächsten Schultag zurechtlegen.
- TV und PC werden für Ihren Nachwuchs jetzt zunehmend interessant. Achten Sie aber darauf, dass der Fernseher nur zu bestimmten, mit Ihnen abgesprochenen Zeiten eingeschaltet wird. Auch die Zeit am Computer sollte begrenzt sein. Lernprogramme sind besser als Spiele!
- Ihr Kind kann jetzt kleine Pflichten im Haushalt erfüllen, zum Beispiel den Müll hinaustragen oder die Spülmaschine einräumen. Verantwortung für bestimmte Dinge zu übernehmen macht ihm sicher auch Spaß.
- Achten Sie darauf, dass Ihr Kind morgens regelmäßig ein Frühstück zu sich nimmt, das ist für Schulkinder besonders wichtig. Vielleicht schmeckt ihm ein selbst gemachtes Müsli mit Obst. Eine gute Ernährung fördert sein Konzentrations- und Denkvermögen.
- Planen Sie morgens genug Zeit fürs Anziehen und für das Frühstück ein. Pünktlichkeit ist auch in diesem Lebensabschnitt sehr wichtig.
- Ihr Kind sollte während der Schulzeit ausreichend Schlaf abbekommen und daher nicht zu spät ins Bett gehen. Viel Schlaf und Bewegung, am besten an der frischen Luft, sind ein absolutes Muss.
- Lesen Sie viel zusammen und leiten Sie Ihr Kind an, auch selbst zu lesen. Das fördert seine Fantasie, seine Kreativität und sein Sprachgefühl.

und grobmotorischen Fähigkeiten mit, die ein Schulkind braucht: Er kann zum Beispiel auf einem Bein stehen, auf den Fersen und Zehenspitzen laufen. Er ist in der Lage, kleine Muster nachzumalen oder komplizierte Figuren auszuschneiden; er kann seine Schuhe zubinden und sich alleine an- und ausziehen, er vermag Reißverschlüsse und Knöpfe zu öffnen und zu schließen.

Ihr Kind versteht längere Geschichten und kann diese sinngemäß wiedergeben. Es hat nun schon eine gewisse Konzentrations- und Denkfähigkeit erworben. Ihr Nachwuchs kann runde und eckige Figuren unterscheiden und malen; außerdem ist er in der Lage, bis fünf zu zählen und sich etwa 20 bis 30 Minuten lang auf eine Sache zu konzentrieren.

Ihr Sohn oder Ihre Tochter hat jetzt auch schon eine gewisse emotionale Reife und vermag soziale Kontakte zu knüpfen. Ihr Kind spielt mit anderen und kann bei einem Wettstreit auch einmal verlieren; es kann seine Gefühle angemessen ausdrücken und ist recht selbstsicher.

Ist mein Kind fit für die Schule?

Wann ist mein Kind eigentlich schulreif? Diese Frage stellen sich viele Eltern. In Deutschland ist ein Kind mit dem sechsten Lebensjahr schulpflichtig. Abgesehen vom regulären schulpflichtigen Alter, können die Kids aber auch schon früher eingeschult werden; das sind dann die so genannten Kann-Kinder. Auch eine Befreiung von der Schulpflicht für ein weiteres Jahr ist möglich, die Zöglinge werden in diesem Fall also zurückgestellt. Meist können die Eltern selbst am besten beurteilen, ob ihr Kind schon fit für die Schule ist.

Hier einige Fragen und Tipps, die Ihnen die Entscheidung, ob Ihr Kind wirklich reif fur die Schule ist, erleichtern sollen:

Wie kann ich die Fähigkeiten meines Kindes fördern?

Für eine bessere Konzentration und zur Gedächtnisschulung können Sie Spiele wie Memory, Puzzles oder andere machen. Auch kreative Tätigkeiten bereiten die Kleinen gut auf die kommenden schulischen Anforderungen vor. Malen und basteln Sie gemeinsam, das fördert die Fantasie und Kreativität. Übrigens: Kochen ist ebenfalls eine gute Möglichkeit, eigenen Ideen freien Lauf zu lassen und die Selbstständigkeit des Kindes zu fördern. Übertragen Sie Ihrem Kind auch kleine Aufgaben, zum Beispiel Brot einkaufen, ab und zu den Tisch decken und Ähnliches. Wenn Sie ihm viel vorlesen, wecken Sie nicht nur seine Neugier auf spannende Geschichten, sondern es möchte dann auch möglichst schnell selbst das Lesen lernen. Gehen Sie mit ihm in die Bücherei, dort gibt es viel interessanten Lesestoff.

Vorschulunterricht – bringt das etwas?
Viele Kindergärten bieten eine Art Vorschulunterricht an. Auf dem Markt gibt es außerdem diverse Vorschulbücher oder entsprechende Software, die Kinder spielerisch mit Zahlen, Formen und Begriffen oder gar Fremdsprachen vertraut machen. Achten Sie beim Kauf solcher Lehrmaterialien stets auf unterschiedliche Schwierigkeitsgrade, damit das Kind seine Fähigkeiten wirklich weiter entwickeln kann. Schreib- und Malübungen helfen den künftigen ABC-Schützen, dass sie den Stift richtig halten. Dies ist eine wichtige Voraussetzung fürs Schreibenlernen.

Wie bekommt mein Kind eine Vorstellung von der Schule?
Manchmal können sich die Kids gar nicht vorstellen, was sie in der Schule eigentlich alles erwartet. Kleine Rollenspiele helfen, die Begriffe »Lehrer« und »Schüler« zu konkretisieren. Erzählen Sie von Ihrer eigenen Schulzeit und schauen Sie gemeinsam alte Fotos an. Sprechen Sie mit Ihrem Kind über die Schule und sagen Sie ihm, dass das eine schöne Zeit sein wird. Sprechen Sie auch über mögliche Ängste mit ihm. Zeigen Sie Ihrem künftigen ABC-Schützen schon vor dem Schulstart das Schulgebäude.

Wie wird mein Kind verkehrssicher?
Den Weg zur Schule alleine zurückzulegen ist für Ihr Kind ebenfalls ein wichtiger Schritt in

Richtung Selbstständigkeit. Laufen Sie diesen Weg schon vor Schulstart mehrmals mit Ihrem Kind, zeigen Sie ihm, wie es am sichersten und am schnellsten sein Ziel erreicht. Dass Ihr Sprössling Ampeln »lesen« kann und auch sonst weiß, worauf ein Fußgänger achten muss, ist natürlich Voraussetzung. Lassen Sie sich dann von Ihrem Nachwuchs zur Schule geleiten. Weitere Möglichkeiten sind, die Route aufzumalen oder zu basteln.

Welchen Schulranzen sollen wir wählen?
Der Schulranzen sollte aus robustem, Wasser abweisendem Material bestehen und auch bei schlechtem Wetter oder Dunkelheit gut sichtbar sein. Wählen Sie daher eine leuchtende Farbe aus, zudem müssen vorne und seitlich unbedingt Lichtreflektoren angebracht sein. Um späteren Rückenproblemen und Haltungsschäden vorzubeugen, sollte der Ranzen angenehm zu tragen sein, er sollte sich also dem Rücken anpassen und breite, stufenlos verstellbare Schultergurte haben. Außerdem muss er gut gepolstert und vor allem leicht sein. Das ist oberstes Gebot! Am besten ist ein Leergewicht von maximal anderthalb Kilo. Der gefüllte Schulranzen darf zehn Prozent des Körpergewichts des Kindes nicht überschreiten. Als Orientierungshilfe dient der Herstellerhinweis »DIN 58124«, zusätzlich können Sie auf TÜV- oder GS-Siegel achten.

Wie lernt mein Kind den Umgang mit Schulsachen?
Suchen Sie möglichst frühzeitig und unbedingt zusammen mit Ihrem Kind den Schulranzen, Federmäppchen, Stifte und Co. aus. Sie werden sehen, Ihr Kind freut sich schon sehr darauf. Um Stress am Morgen zu vermeiden, ist es sinnvoll, wenn sich Ihr Kind angewöhnt, seinen Schulranzen immer schon abends für den nächsten Tag selbst zu packen. Dies können Sie miteinander üben. Lassen Sie sich die gefüllte Schultasche zeigen und sparen Sie nicht mit Lob für die selbstständige Leistung. Kontrollieren Sie gerade am Anfang regelmäßig, ob Ihr ABC-Schütze auch nichts vergessen hat und nicht überflüssige Dinge wie

✔ So bereiten Sie Ihr Kind auf die Schule vor

- Die beste Vorbereitung für die Schule ist körperliche Fitness. Eine ausgewogene Ernährung, Spiel und Sport an der frischen Luft sind das A und O für einen gesunden Körper und einen wachen Geist. Wenn Sie darauf achten, dass Ihr Kind viel im Freien spielt und herumtobt, wenn Sie es außerdem gesund und abwechslungsreich ernähren, ist Ihr Kind gut gewappnet, um den Schulstress zu meistern. Zudem hat es dann ein besseres Immunsystem.
- Achten Sie weiterhin darauf, dass Ihr Kind ausreichend Schlaf bekommt. Zehn Stunden am Stück sollten es schon sein. Diesen Schlaf hat Ihr Kind in der Schulzeit bitter nötig, denn nur so hat es genügend Kraft, um sich auf den Schulstoff zu konzentrieren.
- Schalten Sie den Fernseher aus, wenn er zu lange läuft. Eine Sendung am Tag ist genug. Kinder, die sich stundenlang von schlechten Filmen berieseln lassen, sind unkonzentriert, zappelig und nervös.
- Eine wichtige Voraussetzung für einen erfolgreichen Schulstart ist außerdem das uneingeschränkte Hör- und Sehvermögen. Lassen Sie Ihren Sohn beziehungsweise Ihre Tochter am besten frühzeitig von einem Augenarzt und von einem HNO-Spezialisten untersuchen. Manchmal wird erst spät erkannt, dass ein Kind eigentlich eine Brille braucht. Wenn es nämlich nicht genau sehen kann, was an der Tafel steht, verpasst es gerade am Anfang recht viel.

schwere Spielsachen oder leere Getränkeflaschen mitschleppt.

Was wird von meinem Kind in der Grundschule erwartet?

Der Unterricht sieht heute etwas anders aus als noch zur Schulzeit der Eltern und Großeltern. Man legt weniger Wert auf eine korrekte Schreibung, weil man die Schreibbegeisterung der ABC-Schützen nicht durch ständiges Anmahnen von Rechtschreibfehlern bremsen möchte. Heute findet man es für Schulanfänger wertvoller, wenn sie erst mal erkennen, dass sich Laute durch Buchstaben ausdrücken lassen. Zuerst wird Druck-, dann Schreibschrift gelernt, das fördert die Lesefähigkeit und verbessert die Motorik.

Wann sollte ich mein Kind lieber zurückstellen?
Erfüllt ein Kind die oben aufgeführten Voraussetzungen nicht, ist es eher schüchtern und trennt sich nur schwer von der Mutter, dann kann es sinnvoll sein, es noch ein Jahr zurückzustellen, bis es die nötige Reife erlangt hat.

Diese wichtige Entscheidung sollten Eltern aber immer zusammen mit dem Kindergartenpersonal, der Schule und einer entsprechenden Beratungsstelle treffen. Den Antrag auf Zurückstellung eines Kindes stellen rechtzeitig vor Schulbeginn die Eltern. Wenn sich nach der Einschulung bis Ende November des ersten Schuljahres herausstellt, dass das Kind den schulischen Anforderungen doch noch nicht gewachsen ist, leitet die Schule selbst die entsprechenden Schritte ein.

Regelvermittlung in der Praxis

Die häufigsten Fehler

Es ist ganz normal und im typischen Familienalltag auch unvermeidbar, dass Eltern immer wieder Erziehungsfehler begehen. Da können sie sich noch so sehr bemühen, perfekt kann eben niemand sein! Bei den klassischen Fehltritten in puncto Regeln vermitteln und Grenzen setzen unterscheiden wir zwei Kategorien: Auf der einen Seite gibt es Eltern, die zu nachlässig sind, also die Regeln wachsweich formulieren. Sie sind nicht konsequent genug und überlassen ihrem Kind zu viel selbst. Auf der anderen Seite gibt es die Eltern, die zu streng mit ihrem Kind umgehen. Sie schimpfen wegen jeder Kleinigkeit oder wollen es gar mit harten Strafen zur Raison bringen. Weder zu große Nachlässigkeit noch zu große Strenge der Eltern sind gut für die Kids. Damit Sie bei der Erziehung Ihres Sprösslings den goldenen Mittelweg finden, listen wir Ihnen hier die häufigsten Fehler auf und erläutern, wie Sie diese vermeiden können.

Die Eltern sind zu nachlässig

»Bitte tu das doch!«

Eine kleine Alltagsgeschichte: Verena S. ist völlig überfordert. Sie ist geschieden, alleinerziehend und arbeitet ganztags. Mit ihrem Sohn hat sie es außerdem nicht gerade leicht. Der inzwischen elfjährige Florian ist äußerst willensstark und selbstbewusst, wenn es darum geht, seine Wünsche durchzusetzen. Seit etwa einem halben Jahr reagiert er mit Tobsuchtsanfällen, wenn seine Mutter ihn um etwas bittet. In freundlichem Ton fragt sie: »Florian, bitte schalte den Fernseher aus! Könntest du mir dann helfen den Tisch zu decken?« Der Junge sitzt gelangweilt vor dem Fernsehapparat, seine Mutter nimmt er zunächst gar nicht wahr. »Florian!«, sagt sie mit einem mahnenden Unterton in der Stimme. Plötzlich brüllt der Junge los: »Was willst du denn schon wieder, lass mich bloß in Ruhe!« Seine Mutter wird jetzt unsicher, denn ihr Sohn knallt auch schon mal Türen hinter sich zu oder reagiert mitunter leicht gewalttätig. Vor ein paar Tagen hat er sogar eines seiner Legoautos an die Wand geworfen. Verena traut sich nicht, ihrem Kind irgendwelche Anweisungen zu geben. »Geh und räum dein Zimmer auf« hat sie deshalb schon lange nicht mehr gesagt. Sie verlegt sich zunehmend aufs Bitten. Zaghaft formuliert sie Sätze wie »Florian, würdest du vielleicht bitte ...?« oder »hör mal Florian, könntest du mal ...?« Aber damit stößt sie bei ihrem Sohn erst recht auf taube Ohren. Der Elfjährige ignoriert seine Mutter dann völlig. Er nimmt sie nicht ernst und macht, was er will. Sie schweigt dazu, leidet und macht alles selbst, was ihr Kind nicht zu tun bereit ist.

Manche Eltern wollen besonders liberal sein. Nicht selten ist das eine Reaktion auf die eigenen negativen Erfahrungen in der Kindheit, wo die Eltern viel zu streng waren und die Erziehung von Härte und Unerbittlichkeit geprägt war. Gerade in diesem Fall machen die Erwachsenen dann den Fehler, dass sie ihrem eigenen Kind gegenüber fast wie ein Bittsteller auftreten und ihre Wünsche und Anweisungen an das Kind fast flehend herantragen: »Bitte, bitte, mach doch endlich, was ich dir gesagt habe«. Dies ist ein Phänomen, das relativ oft in einer Mutter-Sohn-Beziehung auftritt, vor allem dann, wenn der Sohn der einzige »Mann im Haus« ist, wie in unserem Fallbeispiel.

Die Mutter übernimmt in der Familie oft die Rolle der weicheren, nachgiebigeren Bezugsperson. Sie ist diejenige, die öfters einmal etwas durchgehen lässt; sie ist meist ausgleichender, freundschaftlicher und demokratischer in Bezug auf die Mitbestimmung des Kindes (siehe dazu auch »Fragen aus der Praxis« auf Seite 129). Der Vater hat nicht selten den Rang einer Respektsperson. Er achtet auf Recht und Ordnung und versucht, die Kinder zum Gehorsam zu erziehen. Schließlich haben diese den Regeln und Anweisungen der Eltern ohne Murren zu folgen.

Fällt diese Seite der Erziehung weg, zum Beispiel nach einer Scheidung, dann kann es zu

Bitten hilft wenig

Nur mit kurzen, vernünftigen Argumenten und unerbittlicher Konsequenz können Sie Ihr aufsässiges, manchmal auch wütendes Kind zur Einsicht bringen. Eine solche Erziehung schließt eine liebevolle Mutter-Kind-Beziehung keinesfalls aus.

Problemen kommen, wenn die Mutter dies nicht zu kompensieren vermag und nicht konsequent genug ist. Alleinerziehende Mütter müssen einerseits in bestimmten Situationen weich, nachgiebig und mütterlich sein. Dies ist zum Beispiel nötig, wenn ein Kind krank ist oder Kummer hat. Andererseits aber sollen sie auch Konsequenz und Durchsetzungsvermögen an den Tag legen. Wenn dieser Balanceakt nicht gelingt, die Mutter mit der Aufgabe überfordert ist und nicht weiß, wie sie ihrem Kind die eigenen Vorstellungen und Wünsche vermitteln soll, dann geschieht dies auch schon mal unbewusst durch Bitten und Flehen. Im Extremfall kann das gefühlsbetonte, weiche und hilflose Verhalten der Mutter sogar so weit gehen, dass diese zu weinen beginnt und unter Tränen von ihrem Kind erbittet, es möge ihr doch nicht so weh tun und nicht so viele Sorgen bereiten, sondern lieb und brav das machen, was sie von ihm wünscht.

So sollten Sie reagieren: Gegen eine warmherzige, gefühlsintensive Beziehung zu Ihrem Kind ist natürlich nichts einzuwenden. Im Gegenteil: Kinder brauchen viel Liebe und Zuwendung sowie vor allem das Gefühl, angenommen, geborgen und erwünscht zu sein. Es ist auch kein Problem, wenn Sie Ihre Anweisungen mit »bitte« einleiten. Aber es ist ein wesentlicher Unterschied, ob Sie dabei hilflos, flehend und ängstlich erscheinen oder Ihrem Kind gegenüber fest, entschlossen, ruhig und bestimmt auftreten.

Sie können im ersten Anlauf beispielsweise sagen: »Ich möchte bitte, dass du nach dem Essen mit dem Hund spazieren gehst.« Sprechen Sie dabei in freundlichem, ruhigem Ton, ganz gelassen und Ihrem Kind zugewandt. Dann fragen Sie nach:

»Hast du mich gehört?« Verlangen Sie eine Antwort. Wenn Ihr Kind nicht reagiert, sollten Sie das »bitte« jetzt weglassen und noch deutlicher und betonter nachhaken: »Ich habe dir gesagt, dass du nach dem Essen mit dem Hund raus gehen sollst«. Sie können Ihre Anweisung überdies mit einer kurzen Begründung versehen: »Du weißt, dass ein Hund Auslauf braucht. Wir haben ihn für dich angeschafft und du hast uns versprochen, dich um ihn zu kümmern.« Sie werden sehen, dass diese Haltung und diese ruhige, aber bestimmte Art zu reden seine Wirkung bei Ihrem Kind nicht verfehlen wird.

»Warum tust du das nicht?«

Eine kleine Alltagsgeschichte: Die neunjährige Sophie verbringt sehr viel Zeit mit ihrer Freundin Anna; die beiden hegen eine sehr innige Freundschaft. Einmal übernachtet Anna bei Sophie, ein anderes Mal übernachtet Sophie bei Anna. Fast schon symbiotisch scheint die Beziehung der Mädchen zueinander zu sein. Sie stecken oft die Köpfe zusammen, spielen mit ihren Barbiepuppen, flechten sich gegenseitig die Haare und tauschen ihre Kleider. Seitdem diese Freundschaft so eng geworden ist, haben die Eltern große Probleme, ihrem Kind etwas zu sagen. Alles wird zur Schwierigkeit, alles provoziert Sophie. Immer wieder gibt es lange Diskussionen, so beispielsweise diese:

»Sophie, räum bitte dein Zimmer auf!«, sagt die Mutter, Isolde S., zu ihrer Tochter. Als Nachsatz fügt sie hinzu: »Ich will gleich den Boden saugen, aber im Moment liegt hier noch zu viel herum!« »Jetzt nicht, Mama«, antwortet das Mädchen. »Ich muss erst das Bild für Oma fertig malen.« »Das hat doch Zeit bis heute Abend«, meint die Mutter. »Das Zimmer ist jetzt wirklich wichtiger, so wie es hier seit Tagen aussieht!« Da entgegnet Sophie trotzig: »Ich hab jetzt aber keine Lust. Das Zimmer kann genauso gut bis heute Abend warten!« »Kann es nicht!«, sagt die Mutter jetzt etwas energischer. »Kann es eben schon«, schreit ihr kleiner Trotzkopf zurück und fügt hinzu: »Jetzt jedenfalls mache ich es nicht!« Die Mutter bittet ihre Tochter abermals: »Warum räumst du jetzt dein Zimmer nicht auf? Ich will doch Staub saugen!« Aber Sophie bleibt hartnäckig und entgegnet in sanftem Ton: »Weil ich heute Abend aufräumen möchte«. »Warum entfernst du nicht wenigstens das Gröbste, damit ich freie Bahn für den Staubsauger habe«, fragt Isolde noch einmal. »Darum nicht!«, lautet die trockene Antwort.

Die Diskussion zwischen Mutter und Tochter findet auch nach einer Viertelstunde kein Ende. Die Mutter wirft schließlich genervt und resignierend einen Blick auf die Uhr und sagt: »Nur noch zehn Minuten, dann müssen wir los, du hast Klavierunterricht. Beeil dich bitte, zieh dir etwas Ordentliches an!« Mit diesem Satz nimmt sie sich selbst den Wind aus den Segeln. Sophie geht sozusagen als Siegerin aus der Diskussion hervor. Während sich das Mädchen umzieht, murmelt es mit einem leisen Grinsen vor sich hin: »Na, das wäre mal wieder geschafft! Immer dieses blöde Aufräumen!« Rasch legt Isolde selbst alle auf dem Boden liegenden Sachen in eine große Kiste und saugt den Raum ...

Hier handelt es sich ebenfalls um einen ganz typischen Fehler von Seiten der Eltern: Die Mutter versucht es mit mehrmaligem Bitten und will diesen durch häufige »Warum-Fragen« Nachdruck verleihen. Aber das ist jedoch genauso unwirksam, denn es provoziert entweder nur eine sinnlose Antwort des Kindes wie zum Beispiel »darum nicht« oder das Ganze endet in langen Diskussionen. In jedem Fall hat auch diese Mutter keine Chance, ihr Kind zum Aufräumen zu bewegen. Es will einfach die Anweisungen der Mutter nicht befolgen und setzt sich am Ende auch noch gegen sie durch.

So sollten Sie reagieren: In einem Fall wie oben müssten Sie als Mutter also anders vorgehen. Auch hier gilt wieder der Grundsatz: Klare Worte sprechen und dem Kind eindeutig zu verstehen geben, was Sie von ihm wollen. Lassen Sie keinen Spielraum zu Diskussionen! Also: »Räum deine Sachen auf, ich sauge jetzt dein Zimmer!« Wenn Ihr Kind nicht reagiert, sagen Sie: »Dann wird dein Zimmer eben nicht gesaugt, das musst du selbst machen. Und wenn das nicht passiert, dann musst du auch deine Wäsche in Zukunft immer selber einräumen, weil ich ja nicht an deinen Schrank herankomme!« Handeln Sie auch konsequent so. Sie werden sehen, nach kurzer Zeit legt Ihr Kind selbst Hand an, denn es merkt, es würde sonst im Chaos ertrinken.

Oder ein anderes Beispiel: »Heute gibt es Fisch mit Reis und Gemüse.« Wenn Ihr Kind dann sagt »das mag ich nicht«, fragen Sie nur nicht »warum denn nicht?«, sondern bringen Sie das Essen auf den Tisch und lassen Sie es auch mit am Tisch sitzen. Wenn es sich weigert zu essen, lassen Sie es vor seinem Teller sitzen. Nicht drängen, nicht betteln, es möge doch wenigsten einen Happen essen! Wir wissen, das fällt schwer, aber Sie können sicher sein, dass Ihr Kind isst, wenn es Hunger hat.

Auch wenn Sie beispielsweise entscheiden, mit Ihrer Familie am Wochenende etwas zu unternehmen, dann sollten Sie sich von der Nörgelei und Ablehnung Ihres Kindes nicht aus dem Konzept bringen lassen. Sagen Sie deutlich, dass es mitkommen soll und noch zu jung ist, um mit dem Freund oder der Freundin alleine zu bleiben. Sie können anbieten, dass sein Freund bei der Unternehmung dabei sein darf, und Sie können auch gemeinsam ein interessantes Ausflugsziel festlegen. Wenn Sie sich so unmissverständlich und bestimmt, aber zugleich auch gerecht verhalten, wird Ihr Kind keinen Streit und keine Diskussionen beginnen, weil es weiß, dass es ohnehin keine Chance gegen Sie hat.

»Wenn du das nicht tust, passiert ... nichts«

Eine kleine Alltagsgeschichte: Der dreijährige Jonas baut, zusammen mit seinem Großvater, einen Turm aus alten Holzbauklötzen und hat große Freude daran. Da kommt sein fünfjähriger Bruder Georg vorbei und wirft den Turm um – einfach so. Geduldig bauen der Opa und sein jüngster Enkel den Turm wieder auf. Abermals wird er vom größeren Bruder umgestoßen. Nun beginnt Jonas bitterlich zu weinen, es entsteht ein richtiger Streit zwischen den beiden Buben. Der eine kratzt, der andere beißt. Der Großvater steht ziemlich hilflos daneben. Als die Mutter dazukommt, schimpft sie: »Hört sofort auf damit! Georg, wenn du nicht augenblicklich den Turm wieder aufbaust, darfst du nachher nicht auf den Spielplatz mitgehen!«

Georg lässt sich von dieser Drohung nicht sonderlich beeindrucken und belästigt und ärgert seinen kleinen Bruder noch eine Weile weiter. Jetzt geht die Mama wütend aus dem Zimmer und knallt die Türe hinter sich zu. Sie erledigt ihre Küchenarbeit. Als es dann so weit ist, dass sie zum Spielplatz gehen, nimmt sie auch den Größeren mit, als wäre nichts geschehen und als hätte sie nie etwas anderes gesagt oder geplant.

Auch das gehört ins Repertoire klassischer Erziehungs-Fehltritte: Die Eltern kündigen eine bestimmte Maßnahme an, aber es passiert letztendlich nichts. Kinder ziehen aus solcher Inkonsequenz schnell ihren Nutzen. Sie bleiben hartnäckig bei ihrem Fehlverhalten und übergehen die Anweisungen der Eltern. Sie spüren, dass sie die Nerven ihrer Eltern strapazieren und dass es dabei um ein Machtspiel geht. Das Motto lautet: Wer kann länger durchhalten? Und wenn die Eltern schließlich aufgeben, sind die Kleinen die triumphierenden Sieger!

So sollten Sie reagieren: Machen Sie diesen Fehler keinesfalls! Achten Sie immer genau auf das, was Sie sagen. Sie kennen Ihr Kind ja sehr genau, auch seine möglichen Reaktionen. Planen Sie also vorher schon,

Drohungen wahrmachen!

Wenn Sie als Erziehungsmittel mit bestimmten Maßnahmen immer nur drohen, diese aber dann nicht in die Tat umsetzen, nimmt Ihr Kind Sie nicht ernst und wird Ihnen weiterhin »auf der Nase herumtanzen«. Überlegen Sie sich daher vorher immer sehr genau, womit Sie drohen!

wie Sie handeln, falls Ihr Kind Ihrer Aufforderung nicht Folge leistet. Sie müssen Ihre Ankündigungen auch wirklich wahr machen. Im Fall des fünfjährigen Jonas muss die Mutter eben ohne den Störenfried zum Spielplatz gehen, nur mit dem jüngeren Sohn.

Wenn Sie aber niemanden im Haus haben, der während Ihrer Abwesenheit auf den Jungen aufpasst, ist das Vorhaben nicht realisierbar. Ein fünfjähriges Kind kann man nun mal nicht alleine zu Hause lassen, auch nicht zur Strafe. Überlegen Sie also gut, welche Maßnahme Sie androhen, und setzten Sie diese dann auch konsequent in die Tat um, wenn Ihr Kind nicht folgt. Denn nur dann nimmt es Sie ernst und versucht das nächste Mal erst gar nicht, sich zu widersetzen. So haben Machtspielchen keine Chance!

Die Eltern sind zu streng

»Du bist das schrecklichste Kind der Welt!«

Eine kleine Alltagsgeschichte: Bei den Johannsens herrscht momentan ein Riesenstress: Papa Alexander baut im Augenblick eine eigene Firma auf, womit er extrem gefordert ist. Er ist nämlich starkem finanziellem Druck ausgesetzt, weil es gerade in seiner Branche einen großen Konkurrenzkampf gibt. Mama Jasmina hilft bei der Firmengründung. Sie verbringt viele Stunden bei ihrem Mann im Geschäft und erledigt dort die telefonische Kundenbetreuung, die Buchhaltung und hält den Kontakt zu den Angestellten. Das Ehepaar hat zwei Kinder, Franz, der 14-jährige Sohn, ist gerade mitten in der Flegelphase und Max, sein 11-jähriger Bruder, hat aufgrund einer Lese- und Rechenschwäche sehr viel zusätzlichen Förderunterricht zu bewältigen; er ist auch insgesamt sehr chaotisch. Die Kinder sind während der Woche an drei Tagen tagsüber bei der Oma, weil die Eltern keine Zeit haben. Dort dürfen sie so ziemlich alles machen, was sie wollen. Die Jungs haben viele Freiheiten und leisten sich oft Dinge, die zu Hause verboten sind.

Am Wochenende sind Jasmina und Alexander dann vollkommen geschafft und wollen möglichst ausspannen. Aber zum Leidwesen der Eltern gibt es ständig Streitereien zwischen den Geschwistern. Der Ältere ist laut und rücksichtslos, er wirft überall seine Sachen herum und tobt durchs Haus. Als es ihm wieder einmal zu viel wird, brüllt der Vater genervt: »Jetzt ist endlich mal Ruhe im Haus! Ruuuuhe!!!« Aber der Junge reagiert überhaupt nicht. Dann flippt die Mutter aus. Sie schreit ihren Sohn an: »Du bist wirklich unmöglich, eine entsetzliche Nervensäge, hörst du, eine entsetzliche, widerliche Nervensäge! Dass ich dich überhaupt in die Welt setzen konnte ...!«

Meist sind die Eltern, denen ein solcher Gefühlsausbruch passiert, gleich danach über sich selbst erschrocken und würden diesen am liebsten ungeschehen machen. Besonders schlimm ist es vor allem dann, wenn das Kind tatsächlich betroffen reagiert und zu weinen beginnt oder tief verletzt in sein Zimmer stürzt.

Was genau ist eigentlich geschehen? Die Eltern sind überlastet, gestresst, erschöpft – und plötzlich entlädt sich ihre ganze Anspannung. Vater und Mutter schleudern dem Nachwuchs unbedachte Sätze ins Gesicht. Eine derartige Reaktion ist verständlich und menschlich. Es gibt nun einmal Momente, da kann Eltern schier der Kragen platzen. Im Prinzip ist es auch nicht schlecht, wenn die Kids wissen, dass die Erwachsenen auch nicht unfehlbar sind und dass sie ihre Grenzen haben. Auch sie können einmal emotional reagieren, auch ihnen darf einmal ein richtiger Wutausbruch passieren.

Aber trotzdem: Entwertende, feindselige Sätze und überzogene Beschimpfungen tun den Kindern weh, vor allem, wenn sie gehäuft auftreten. Stehen dem nicht zahlreiche liebevolle Äußerungen, viele aufbauende, lobende Sätze, die in anderen, positiven Situationen ausgesprochen werden, gegenüber, dann hinterlassen solche extrem negativen Botschaften beim Kind deutlich Spuren. Sie schwächen sein Vertrauen, untergraben sein Selbstwertgefühl und machen es traurig und sogar depressiv.

So sollten Sie reagieren: Natürlich ist es keine Katastrophe, wenn Ihnen in extremer Anspannung einmal unüberlegte Worte herausrutschen und Sie Ihren Sprössling beschimpfen. Wenn sich die Wogen wieder geglättet haben, können Sie ihm erklären, dass Sie völlig gestresst und außer sich waren und dass Ihnen das jetzt Leid tut. Lobende, aufmunternde Sätze wie »ich hab's nicht so gemeint« oder »du weißt doch, dass ich dich sehr lieb habe« und ähnliche gleichen solche Fehltritte wieder aus. Ihr Kind spürt, dass es nur allzu menschlich ist, in bestimmten Situationen auszurasten und es weiß sehr wohl, dass es deshalb kein schlechter Mensch ist. Sie zeigen ihm ja danach wieder Ihre ganze Liebe.

Aber allzu häufig sollten Ihnen solche Ausraster nicht passieren. Wenn doch, müssen Sie sehr streng mit sich selbst ins Gericht gehen und nach Lösungsmöglichkeiten suchen. Beispielsweise sollten Sie trotz Ihrer Überforderung versuchen, sich bewusst umzuprogrammieren und gelassen und ruhig zu bleiben.

Wenn Sie merken, dass in Ihnen Zorn aufsteigt, müssen Sie schnell ein anderes Ventil zur Entladung finden, denn Sie dürfen Ihre Wut nicht an Ihrem Kind auslassen. Gehen Sie aus dem Zimmer und atmen Sie draußen an der frischen Luft erst einmal richtig durch. Wenn Sie sich beruhigt haben, können Sie versuchen, möglichst sachlich mit Ihrem Kind über das Problem zu sprechen.

Eine weitere Möglichkeit, in einem Moment voller Anspannung erst einmal wieder zur Vernunft zu kommen, ist, innezuhalten, sich notfalls die Ohren zuzuhalten und quasi auf Durchzug zu schalten. Auch das kann die Situation schnell entschärfen. Das Schweigen bringt möglicherweise Entlastung. Üben Sie das ein paar Mal, Sie werden sehen, es klappt mit der Zeit immer besser. Danach können Sie mit Ihrem Kind ruhig sprechen und ihm erklären, was Sie so in Rage gebracht hat. Auf der Basis von Offenheit und Verständnis bekommen Sie die Schwierigkeiten mit Ihrem Nachwuchs wahrscheinlich besser in den Griff.

✔ Diese Äußerungen sollten Sie meiden!

Manchmal rutschen Ihnen Bemerkungen heraus, die Sie lieber nie gesagt hätten. So etwas passiert in Stress und Hektik, wenn Sie überfordert sind. Manche Worte können den anderen, vor allem auch Ihr Kind, tief verletzen und sein Selbstwertgefühl schwächen. Diese und ähnliche Äußerungen sollten Sie daher dringend meiden:

- ✘ »Mein Gott, was hast du jetzt schon wieder angerichtet. Mit deiner Tollpatschigkeit gehst du mir so richtig auf die Nerven!«
- ✘ »Du bist das frechste Gör, das mir je begegnet ist!«
- ✘ »Du machst mich krank!«
- ✘ »Wenn du so weitermachst, bringst du deine Mutter noch ins Grab!«
- ✘ »Mit dir ist es kaum auszuhalten! Kein Wunder, dass du auch in der Schule ein Versager bist!«
- ✘ »Ich kann dich nicht mehr ertragen!«
- ✘ »Geh mir aus den Augen, du bist mir so zuwider!«
- ✘ »Lass mich bloß in Ruhe und verschwinde!«
- ✘ »Du bist genauso unerträglich wie dein Vater!«
- ✘ »Warum habe ich ausgerechnet dich zur Welt bringen müssen?!«
- ✘ »Andere Kinder sind viel netter!«

Auch hinter eigentlich nett verpackten Äußerungen können sehr negative Botschaften stecken, die Ihrem Kind sogar seelisch schaden:

- ✘ »Na komm her, du kleiner Dussel, ich erklär dir das noch einmal.«
- ✘ »Mein Schätzchen, das begreifst du wohl nie!«
- ✘ »Lass besser die Finger davon, mein armer Liebling, das bekommst du sowieso nicht hin.«
- ✘ »Ach, du kleines Dummerchen, was hast du denn jetzt gemacht!?«

»Zur Strafe bekommst du Hausarrest!«

Eine kleine Alltagsgeschichte: Fabian ist ein etwas ungestümer, manchmal ziemlich ungeschickter Junge von acht Jahren. Auch heute hat er schon ein Glas heruntergeworfen, und beim Spielen hat er seine Hose zerrissen. Seine Mutter, Kathrin

S., ist von seiner Tollpatschigkeit schrecklich genervt. Die Tage, an denen bei Fabian nichts zu Bruch geht, sind eher selten.

Als sich Kathrin mit ihrem Mann Gunther im Wohnzimmer in Ruhe unterhält, fährt der Junge mit seinem Fahrrad im Hof herum. Plötzlich hören die Eltern einen lauten Knall. Fabian schreit. Mama und Papa laufen nach draußen, um nachzusehen, was passiert ist. Da liegt der Bub auf dem Boden, sein Fahrrad neben ihm. Er hat sich das Knie aufgeschürft. Doch zu allem Übel ist er am geparkten Auto seinen Vaters entlanggeschrammt. Ein langer Kratzer zieht sich durch den glänzenden, schwarzen Lack der Seitentür. Plötzlich rastet Gunther aus: »Fabian! Was hast du jetzt schon wieder gemacht! Es reicht!«

Wütend packt der Vater seinen weinenden Sohn am Kragen. Darauf, dass sich der Junge wehgetan hat, achtet der Mann nicht. »Mein neues Auto!«, schreit er, »weißt du eigentlich, was du für einen Schaden angerichtet hast, was das kostet?!« Er schüttelt den Jungen und brüllt ihm ins Gesicht. Über Fabians Wangen rollen dicke Tränen. Der Bub will sprechen, aber er kann keine Worte formulieren, aus Angst vor dem Vater. Dieser zerrt ihn nun ins Haus. »Mir reicht es, du Unglücksrabe!«, wettert er weiter. »Damit du endlich zur Besinnung kommst, gibt es jetzt eine ganze Woche Hausarrest, dann kannst du in deinem Zimmer endlich einmal über deine Schandtaten nachdenken!« Fabian will sagen, dass er das Auto nicht absichtlich angefahren hat, aber der Vater schneidet ihm das Wort ab ...

Fabian, der Junge aus unserer kleinen Geschichte, kann die Welt nicht mehr verstehen: Niemand kümmert sich um sein schmerzendes Knie, zudem wird er auch noch für etwas bestraft, was er nicht absichtlich getan hat. Der Grund für die Tollpatschigkeit des Buben kann eine motorische Störung sein, was den Eltern offensichtlich nicht bewusst ist. Für die zarte Kinderseele bedeutet diese Situation großes Leid.

Noch vor wenigen Jahrzehnten galten drakonische Strafen durchaus als legitimes Mittel, um Kinder zu Ordnung, Sauberkeit, Disziplin und Gehorsam zu zwingen. Heute wendet man solche Erziehungsmethoden nicht mehr an, denn man weiß, dass sie nicht zum gewünschten Erfolg führen und den Kindern sogar schaden können. Diese werden allenfalls eingeschüchtert und frustriert, langfristig entwickeln sich möglicherweise tief sitzende Ängste.

Wenn ein Kind sehr oft hart bestraft wird, verschließt es sich und fühlt sich klein, hilflos und als Versager. Von den Eltern hat es das Bild, diese seien stark, ja sogar übermächtig; möglicherweise versucht es, vor ihrer Härte zu fliehen. Sobald sie in die Pubertät kommen, rasten solche Kinder dann aus und wollen ihre eigenen Wege beschreiten. Dazu sind sie jedoch noch nicht reif und selbstständig genug. Es kommt dann zu erheblichen Schwierigkeiten. Auch in seinem späteren Leben muss ein Kind, das mit großer Strenge erzogen wurde, mit dieser Prägung umgehen können; möglicherweise verfährt es dann mit den eigenen Kindern ebenso unerbittlich – oder das Ganze schlägt ins Gegenteil um.

So sollten Sie reagieren: Lassen Sie es nie so weit kommen! Es gibt andere, weitaus bessere Möglichkeiten, Ihrem Kind Regeln zu vermitteln. Wir haben Ihnen in diesem Buch ja schon sehr viele davon vorgestellt. Bedenken Sie bei allem was Sie sagen, welche Konsequenzen das für Ihr Kind haben kann. Überlegen Sie genau, ob Ihre Maßnahmen erzieherisch sinnvoll sind. Bringen Sie damit Ihr Kind dazu, dass es sich von Ihnen anleiten lässt? Sind Ihre Regeln und Vorschriften überhaupt einzuhalten? Denn von den meisten Strafen, mit denen Eltern ihre Kindern zum Gehorsam zwingen wollen, lassen sich nur die wenigsten wirklich realisieren. Und wenn doch, dann nur mit erheblichen Einschränkungen und Entbehrungen, die nicht nur den Zögling, sondern die ganze Familie betreffen.

Ganz ehrlich – wer kann schon sein Kind guten Gewissens eine Woche lang im Haus

Ungeschickte Kinder

Wenn Ihr Kind besonders tollpatschig ist, immer wieder Gläser umstößt oder aus Versehen Dinge kaputt macht, sollten Sie prüfen, ob nicht etwa eine motorische Störung hinter seiner Ungeschicklichkeit steckt. Ein Kinderpsychologe kann Ihnen in dieser Frage weiterhelfen. Kinesiologische Übungen sind übrigens ein gutes Mittel, um ein von Natur aus ungeschicktes Kind ins innere und äußere Gleichgewicht zu bringen.

einsperren? Die Strafe in unserer kleinen Alltagsgeschichte oben ist nicht durchzuhalten, denn der achtjährige Fabian muss ja wie alle anderen Kinder in die Schule gehen. Zudem brauchen Kinder regelmäßig frische Luft und sollten täglich draußen spielen dürfen. Wer profitiert außerdem von einer Maßnahme wie Hausarrest? Sicher niemand – der Vater nicht und das Kind auch nicht. Er kann dadurch auch nicht sicherstellen, dass sein Kind das nächste Mal nicht wieder irgendetwas kaputt macht oder sonst etwas tut, was ihm nicht gefällt. Nein, im Gegenteil, es wird möglicherweise nur noch zappeliger, noch störrischer, noch rebellischer. In einem Leben mit Kindern passieren nun mal immer wieder Missgeschicke, das muss man als Eltern einplanen. Wichtig ist, dass das Kind seine Tat bereut und so gut wie möglich versucht, dass sie nicht mehr vorkommt.

Bestrafen Sie grundsätzlich nie mit dem Entzug sozialer Kontakte! Psychologen sagen, das gehöre zu den großen Erziehungs-Fehltritten. Eltern nehmen dadurch ihrem Kind einen wichtigen Teil seines Lebens weg, sie treiben es in die Isolation. Halten Sie sich also bitte an diese Grundregel: Begegnen Sie Ihrem Kind mit Ruhe und Gelassenheit, treten Sie ihm fest und bestimmt gegenüber, sagen Sie ihm mit klaren Worten, was Sie von ihm wollen oder was Sie nicht gut finden. Leiten Sie es an, die Dinge in Ihrem Sinne zu tun und achten Sie auf die Einhaltung Ihrer Anweisungen. Besonders wichtig ist, dass Sie dabei immer konsequent bleiben!

»Du bekommst gleich was hinter die Ohren!«

Eine kleine Alltagsgeschichte: Helen hat zusammen mit ihrem Mann Tobias H. vor zwei Jahren ein kleines Haus gebaut. Die beiden haben einen 10-jährigen Sohn namens Maximilian. Mit besonderer Sorgfalt und unter großem Aufwand gestaltet Helen den großen Garten, in dem herrliche alte Bäume stehen. Sie dienen im Sommer als praktische Schattenspender. Letzte Woche hat die junge Frau viele neue Pflanzen und Sträucher gekauft und wunderschöne Beete mit exotischen Pflanzen angelegt. Jetzt blüht alles in herrlicher Farbenpracht.

Während die Mutter beim Großeinkauf ist, lädt Maxi einige Nachbarskinder zum Spielen in den Garten ein. Eines von ihnen hat die Idee, das Grundstück in einen Abenteuerspielplatz umzufunktionieren. Die Kids spielen Fangen und Verstecken, sie toben über den Rasen, kriechen unter Büsche und klettern auf die riesigen alten Bäume. Die Kinder genießen es, sich einmal richtig frei in der Natur bewegen zu können, zumal die Jungs aus der Straße in kleinen Wohnungen ohne Garten leben. Natürlich gibt keiner der Buben Acht darauf, wohin er tritt; auch die neuen Beete bleiben von den Streifzügen der wilden Jungs nicht verschont.

Als die Mutter nach zwei Stunden vom Einkaufen zurückkommt, findet sie ein Desaster in ihrem Garten vor: Äste sind abgebrochen, der Rasen ist zertrampelt und löchrig, die Pflanzen in den neuen Beeten sind allesamt niedergetreten. Da rastet Helen komplett aus. Rasch scheucht sie die anderen Kinder vom Grundstück; wild mit den Armen fuchtelnd und schreiend rennt sie hinter ihrem Sohn her, der gerade vor ihr davonlaufen möchte: »Was hast du angerichtet?! Wie oft habe ich dir schon gesagt, dass du im Garten aufpassen sollst! Jetzt lädst du auch noch wildfremde Kinder ein und alles ist kaputt. Was hast du gemacht, ich glaube es nicht!« Und als Helen den Buben zu fassen bekommt, versetzt sie ihm eine schallende Ohrfeige. Unter lautem Schluchzen hält Maximilian seine schmerzende Wange …

Harte Strafen, zum Beispiel ein Kind in sein Zimmer einsperren oder Hausarrest verordnen, sind ebenso wie Gewaltanwendungen sehr schlimme, in heutiger Zeit eher verpönte erzieherische Maßnahmen, die noch vor Jahrzehnten an der Tagesordnung waren, um Kinder zur Vernunft zu bringen. Aber sie bewirken genau das Gegenteil! Eine Tracht Prügel, eine Ohrfeige oder Stockschläge auf die Finger bringen nichts, sondern sie schaden dem Kind vielmehr. In diesem Punkt sind sich alle Pädagogen und Kinderpsychologen einig. Auch Sie als Eltern lehnen Gewaltanwendungen bestimmt ab und wissen sehr wohl, dass Sie damit Ihrem Kind nichts Gutes tun. Aber dennoch: Vielleicht haben Sie doch schon einmal die eine oder andere Situation erlebt, in der Sie völlig außer Kontrolle geraten sind und sich dermaßen aufgeregt haben, dass Ihnen im Affekt die Hand ausgerutscht ist.

So sollten Sie reagieren: Auch wenn Sie noch so aufgebracht sind und das, was Ihr Kind angestellt hat, Ihnen auch noch so sehr zu schaffen macht, sollten Sie versuchen, die augenblickliche große Zorneswelle verebben zu lassen und erst dann zu reagieren. Lassen Sie Ihre Gefühle etwas abkühlen, bis Sie wieder klar denken können. Auf diese Weise können Sie eine tätliche Auseinandersetzung verhindern und Ihrem Kind anders verständlich machen, was es nicht mehr tun darf und wie es sich in Zukunft besser verhalten soll.

Wenn es sich bei der Ohrfeige oder bei einem anderen tätlichen Angriff wirklich nur um einen Ausrutscher handelt, um eine absolute Ausnahmesituation, dann spürt Ihr Kind das sicher und kann es Ihnen auch verzeihen. Sie haben ihm zwar Schmerzen zugefügt, aber in der Seele tut es Ihnen beiden weh. Sie selbst sind ebenso betroffen wie Ihr Kind. Wenn sich die Wogen nach einer Weile wieder etwas geglättet haben, dann können und sollten Sie ganz in Ruhe mit Ihrem Kind darüber sprechen und ihm sagen, dass es Ihnen Leid tut. Sie müssen ihm auch versichern, dass es vor Ihnen keine Angst haben und sein Vertrauen zu Ihnen

Keine Gewalt!

Eine Ohrfeige oder ähnliche tätliche Angriffe als Erziehungsmaßnahme sollten in jedem Fall eine Ausnahme bleiben! Es gibt andere Wege, Ihr Kind zur Vernunft und Einsicht zu bringen, zum Beispiel ein klärendes, sachliches Gespräch. Denn nur wenn Ihr Sprössling einsichtig ist, wird er den begangenen Fehltritt nicht wiederholen.

nicht verlieren sollte. Zeigen Sie ihm, dass Sie es dennoch lieben und ihm eigentlich nicht wehtun wollten.

Machen Sie ihm aber auch klar, was Sie dazu gebracht hat, so unkontrolliert zu reagieren. In unserem Beispiel sollte Helen ihrem Sohn darlegen, dass sie die Beete und den ganzen Garten sehr sorgsam angelegt und die Pflanzen mit viel Liebe ausgewählt und gesetzt hat. Sie muss betonen, dass die Zerstörung der Anlage sie nicht nur traurig, sondern auch sehr wütend gemacht hat. Das Kind soll auf diese Weise lernen, dass es so etwas nie wieder tun darf. Wenn die Mutter in vernünftigem, sachlichem Ton mit ihrem Kind spricht, wird es einsichtig sein und sich bemühen, den Schaden wieder zu reparieren. Denn das muss es unbedingt!

Passen Sie als Eltern wirklich auf, dass so eine heftige, gewalttätige Reaktion nicht öfters passiert. Sie verlieren sonst Ihre Glaubwürdigkeit, und Ihr Kind hat kein Vertrauen mehr zu Ihnen. Es wird nämlich dann auch irgendwann Ihre Entschuldigung nicht mehr annehmen.

Fragen aus der Praxis

Verwöhnen wir unser Kind zu sehr?

Frage: Wir haben eine vierjährige Tochter. Sie ist ein absolutes Wunschkind. Wir mussten dafür eine Kinderwunsch-Behandlung einleiten und waren dann überglücklich, als es endlich geklappt hat mit dem Nachwuchs. Wir unternehmen sehr viel mit unserer Kleinen und erfüllen ihr auch so ziemlich jeden Wunsch, weil wir sie sehr lieben. Nun sagt eine Freundin immer wieder, dass wir unsere Tochter zu sehr verwöhnen würden und dies später einmal zu Problemen führen könnte. Stimmt das?

Antwort: Ja, das Risiko ist schon in einem gewissen Umfang gegeben, denn wenn Sie Ihrer Tochter immer alles abnehmen, alles leicht machen und all ihre Wünsche erfüllen, dann tut sie sich möglicherweise später schwer, sich für ein Ziel anzustrengen und eigene Kräfte zu entwickeln. Wenn Kinder nämlich in Watte gepackt werden und keine Pflichten kennen lernen, können sie sich später nicht im Leben behaupten und sind auch einem Leistungsdruck gar nicht gewachsen. »Kinder bekommen zu wenig von dem, was sie brauchen, wenn sie zu viel von dem bekommen, was sie wollen«, so der Kinder- und Jugendforscher Prof. Klaus Hurrelmann von der Universität Bielefeld. Natürlich sollen Sie Ihre Tochter über alles lieben, ihr viel zärtliche Zuwendung geben und ihr das Leben schön machen. Dies muss jedoch in einem gewissen Rahmen bleiben. Ihr Kind soll ja schließlich stark werden und sich später einmal durchsetzen können!

Verwöhnen im positiven Sinne ist in manchen Situationen angebracht und sinnvoll, zum Beispiel wenn besondere Anlässe oder Festtage anstehen, im Urlaub oder wenn Ihr Kind krank ist. Auch Großeltern dürfen die Enkel verwöhnen, wenn sie einmal zu Besuch kommen. Bei guten Leistungen darf es Belohnungen geben, vielleicht wird dann ein schöner Wochenend-

Alles dreht sich ums Kind

Ein verwöhnter Sprössling ist immer im Mittelpunkt. Alles dreht sich um dieses Kind, das somit lernt, sich nur mit sich selbst zu beschäftigen. Für andere Menschen und deren Bedürfnisse ist kein Platz. Solange einem Kind alles in den Schoß gelegt wird, braucht es sich nicht anzustrengen. Es macht dadurch nicht die wichtige Erfahrung, dass man eigene Bedürfnisse durch eigene Bemühungen erfüllen soll. Wünsche müssen auch einmal aufgeschoben werden. Es gibt doch eigentlich nichts Schöneres als sich endlich, nach langem Warten, einen Wunsch erfüllen zu können, oder?

ausflug unternommen oder es gibt ein besonderes Abendessen in der Familie, auch ein Kino-, Theater- oder Konzertbesuch erfreuen Kinder.

Vorsicht aber vor grenzenlosem Verwöhnen! Sie sollten Ihrem Kind nicht gleich jeden Wunsch von den Augen ablesen. Es darf nicht unendlich viele Süßigkeiten oder unkontrollierte Geldzuwendungen und Geschenke geben. Auch mit einem Internet-Zugang für Kids müssen Sie sorgsam umgehen. Ihr Kind muss alleine seine schulischen Pflichten erledigen; wenn Sie ihm alles abnehmen, tun Sie ihm damit ganz und gar keinen Gefallen. Bestimmte Aufgaben und häuslichen Pflichten, die seine Eigenständigkeit fördern, muss Ihr Kind schon übernehmen. Durch grenzenloses Verwöhnen verhindern Sie, dass es Selbstvertrauen bekommt. Es kann so auch im späteren Leben keine Verantwortung für sich und andere, zum Beispiel für eine eigene Familie, übernehmen.

Sollen Kinder »demokratisch« mitentscheiden?

Frage: Wir haben zwei Kinder, einen Sohn im Alter von fünf Jahren und eine Tochter im Alter von drei Jahren. Wir sind sehr liberal eingestellt und wollen unserem Nachwuchs möglichst viel Freiraum zur Entfaltung und Entwicklung der Persönlichkeit geben. Eine befreundete Familie in der Nachbarschaft meinte, die beste Voraussetzung dafür sei, die Beziehung zu den Kindern auf Demokratie aufzubauen und sie möglichst viel mitentscheiden zu lassen. Kann man das so sehen?

Antwort: Nein! In einer Demokratie herrscht Gleichberechtigung. Aber die darf es in einer Eltern-Kind-Beziehung nicht geben. Der dänische Familientherapeut Jesper Juul formuliert dies so: »Eltern und Kinder sind nicht gleichberechtigt, aber sie verfügen als Menschen über die gleiche Würde. Erwachsene müssen sich jederzeit so verhalten, dass sie die Würde des Kindes nicht verletzen. Aber gleichberechtigt ist das Kind deswegen nicht.« Gleichberechtigung heißt, dass auch die Pflichten und die Verantwortung gemeinsam übernommen werden müssen. Ein Kind aber kann dies noch nicht.

Ein Dreijähriger und auch ein Fünfzehnjähriger ist sicher überfordert damit, genauso viel Verantwortung zu tragen wie ein Erwachsener. Kinder können erst in kleinen Schritten lernen, gewisse Dinge zu entscheiden und dann auch dafür zu stehen. Ihr fünfjähriger Sohn beispielsweise ist schon in der Lage, eine Packung Gummibärchen gerecht zwischen sich und seiner kleinen Schwester aufzuteilen. Das kann er schaffen. Aber beispielsweise den Auftrag zu bekommen, vom Konditor genügend Kuchen für die ganze Familie zu besorgen, würde ihn überfordern, er wüsste nicht, welche Menge gebraucht wird. Lassen Sie Ihren Kindern also die Möglichkeit, ganz langsam erwachsen zu werden. Bestimmte Entscheidungen treffen Sie, die Eltern, noch lange alleine!

Ich will mein Kind nicht überbehüten!

Frage: Ich habe es in meiner Kindheit immer als nervig erlebt, dass meine Mutter stets Angst um mich hatte und dauernd in Sorge um mich war. Wenn ich mit anderen Kindern irgendwo hin wollte, zum Beispiel in den Wald, gab es stets zahlreiche Ermahnungen. Dieses Bemuttern musste ich auch noch als Abiturientin und sogar später dann als Studentin erdulden. Heute ertappe ich mich dabei, dass ich mit meiner 11-jährigen Tochter ähnlich umgehe. Ich muss ehrlich zugeben, dass es mir auch ungeheuer schwer fällt, sie mal alleine losziehen zu lassen. Ich habe immer Angst, ihr könnte etwas zustoßen. Wie kann ich diese Angst ablegen?

Antwort: Die Sorge um Ihr Kind ist eine ganz natürliche Elternreaktion, sie darf aber nicht zu mächtig werden, denn sonst wird sie zur so genannten Overprotection (Überbehütung). Es ist auch nicht möglich, ein Kind vor allem und jedem zu beschützen. Bei der heute recht häufig anzutreffenden Überbehütung passen die Eltern ständig auf die Kinder auf. Sie haben Angst, das Kind könnte hinfallen oder sich verletzen und vieles mehr. Schließlich können Eltern nicht permanent anwesend sein und es gehört wohl auch zum Leben dazu, sich mal weh zu tun oder in ein Fettnäpfchen zu treten. Greifen Eltern immer schon vorzeitig ein, dann lernen Kinder nicht, mit Gefahren umzugehen. Die Kinder sollen Konflikte besser unter sich austragen. Vorsicht ist erst dann geboten, wenn es wirklich gefährlich wird, die Kleinen beispielsweise mit scharfen Gegenständen wie Messern oder Steinen hantieren.

Zu viele Verbote unterbinden außerdem einen wichtigen Lernprozess. Ist fast alles untersagt, zum Beispiel das Fahren ohne Stützräder, die Fenster alleine putzen, eine Milch aufwärmen und vieles mehr, wird die Entwicklung Ihres Kindes behindert. Wägen Sie immer von Fall zu Fall ab, was Sie Ihrem Kind überlassen und was nicht. Trauen Sie ihm ruhig auch einmal etwas zu, aber überfordern Sie es dabei dennoch nicht. Die Tendenz des Überbehütens liegt nämlich gerade darin, dass Dinge verboten werden, die das Kind eigentlich seinem Alter entsprechend schon meistern könnte. Sagen Sie Ihrem Kind, dass es aufpassen soll, aber bleiben Sie dennoch gelassen. Denn die Kids haben im Allgemeinen ja auch einen guten Schutzengel! Wenn Sie zu ängstlich sind, sollten Sie das verbergen, damit Ihr Kind nicht verunsichert wird.

Soll unser Kind einen Hund bekommen?

Frage: Unsere sechsjährige Tochter Ursula durfte während der letzten Ferien auf einem Bauernhof immer den Schäferhundmischling spazieren führen. Das hat ihr riesigen Spaß gemacht. Jetzt möchte sie unbedingt selbst einen Hund haben. Sie geht aber in die Schule, und mein Mann und ich sind beruflich auch ziemlich eingespannt. Wer also soll sich um den Hund kümmern? Auf der anderen Seite haben wir gehört, dass Haustiere für Kinder so wichtig sind und sie in ihrer Entwicklung fördern. Sollen wir nicht besser ein anderes Haustier anschaffen?

Antwort: Fast jedes Kind bedrängt seine Eltern früher oder später mit dem Wunsch, ein Haustier zu bekommen. Auf die Frage, wer sich darum kümmert, antworten die Kids mit Überzeugung: »Ich natürlich, immer nach der Schule!« Aber die Realität sieht dann meist anders aus. Die Arbeit bleibt fast immer an der Mutter hängen, die sich neben Beruf, Haushalt und Kindern auch noch um den Hund kümmern muss. Können Sie sich vorstellen, dass Ihre Tochter bei Wind und Wetter mit dem Hund um die Häuser zieht?

Die Anschaffung eines Haustieres muss gut überlegt werden. Auch wenn Sie ein anderes Tier wählen, einen Hamster oder eine Schildkröte, ist das mit täglicher Arbeit verbunden. Lesen Sie in Ratgebern vor der Anschaffung eines Haustieres erst einmal alles über seine Haltung und Pflege. Wenn Sie ihm gute Lebensbedingungen bieten können und auch genügend Zeit dafür aufzubringen vermögen, dann steht dem nichts im Weg. Aber Tiere sind kein Spielzeug, das man nach kurzer Zeit achtlos in die Ecke wirft, sondern eine Aufgabe über viele Jahre hinweg, das müssen Sie bedenken!

Tiere für Achtjährige

Ab welchem Alter Ihr Kind in der Lage ist, selbstständig für ein Haustier zu sorgen, kommt ganz auf seine Reife und seinen Charakter an. Ein Kindergartenkind ist zweifellos mit der Pflege eines Haustieres noch überfordert, mit etwa acht Jahren kann es durchaus schon den Großteil der Arbeit übernehmen. Mit etwa zwölf Jahren erst sind die Kids fähig, sich verantwortungsvoll um einen Hund oder eine Katze zu kümmern.

✔ Überlegungen vor dem Kauf eines Haustiers

- Beraten Sie sich gemeinsam, welches Tier am besten geeignet wäre und lesen Sie in Büchern über dessen Haltung und Bedürfnisse.
- Erkundigen Sie sich, ob die Haltung eines Haustiers in Ihrer Wohnung überhaupt erlaubt ist.
- Auch die Größe Ihrer Wohnung spielt eine wichtige Rolle. Ist sie überhaupt groß genug, um das gewünschte Tier darin artgerecht halten zu können? Welcher Teil würde sich als Schlafplatz eignen?
- Wie viel Zeit können Sie in das gewünschte Haustier investieren? Bei einem Hund geht es nicht nur um das Gassi gehen, sondern auch um die Pflege. Mit gelegentlichem Streicheln ist es nicht getan!
- Wie steht es um die Kosten? Erkundigen Sie sich nicht nur über den Anschaffungspreis, sondern auch welche Kosten für Nahrung, Tierarztbesuche, eventuell Hundesteuer und anderes auf Sie zukommen würden.
- Wo kann das Tier untergebracht werden, wenn Sie in den Urlaub fahren? Gibt es Verwandte oder Freunde, die sich darum kümmern würden?
- Wie lange wollen Sie sich an ein Tier binden? Kleintiere werden oft nur zwischen 1 und 4 Jahre alt; Schildkröten können bei artgerechter Haltung steinalt werden. Bedenken Sie auch, dass Sie als Eltern sich möglicherweise auch dann noch um das Tier kümmern müssen, wenn Ihr Kind längst flügge ist und nicht mehr mit im Haus wohnt.

Dass ein geliebtes Haustier Balsam für die Seele Ihres Kindes sein kann, belegen sogar Studien. »Volksschulkinder, die mit einem Heimtier aufwachsen, entwickeln sich häufig in ihrer ganzen Persönlichkeit positiver als ihre Altersgenossen ohne Tiere!« stellt Professor Reinhold Bergler, Vorsitzender des Forschungskreises Heimtiere aus Hamburg, fest. Und Professor R. Poresky von der Kansas State University meint sogar: »Kinder, die mit einem Haustier aufwachsen, sind um einiges intelligenter als tierlose Altersgenossen!« Jedenfalls sind Kinder, die sich um ein Haustier kümmern müssen, wesentlich aktiver; sie leiden weniger unter Einsamkeit oder Isolation und lernen ganz nebenbei, Verantwortung zu übernehmen. Problemkinder werden meist ruhiger und ausgeglichener. Mit dem Hund Gassi gehen ist in jedem Fall gesünder als vor dem Computer zu sitzen. Falls Sie in einer Großstadt wohnen, ist ein Haustier möglicherweise der einzige Bezug zur Natur und zur Tierwelt. Ihr Kind lernt schnell, auf die Bedürfnisse seines Tieres einzugehen und erweitert dadurch seine soziale Kompetenz, die auch im menschlichen Zusammenleben letztendlich positiv zum Tragen kommt.

Wie kann ich unseren Söhnen das Trödeln abgewöhnen?

Frage: Wir haben drei Kinder im Alter von zwei, sechs und acht Jahren. Organisation und Zeitmanagement sind bei uns sehr wichtig, damit wir alles gut hinkriegen. Matthias, der Achtjährige, und Hannes, unser sechsjähriger Sohn, haben allerdings große Schwierigkeiten, sich an unsere zeitlichen und organisatorischen Vorgaben zu halten. Sie trödeln gerne morgens endlos herum und sind mittags, wenn ich sie von der Schule abholen will, einfach nicht da. Es ist sogar schon passiert, dass sie den Klavierunterricht und den Sport verpasst haben. Das ist immer Stress pur, und ich reagiere jedes Mal sehr wütend. Wie kann ich den Kids denn ein Gefühl für Zeit vermitteln?

Antwort: Die Kinder sind heute an viele Termine und Verpflichtungen gebunden. Sie besuchen Flötenkurse, Gitarrenunterricht, machen Judo und Karate, nehmen an Ballett- und Tanzkursen teil und bekommen Nachhilfe- und Förderunterricht. Bei vielen von ihnen ist der Terminkalender täglich mit mehreren Aktivitäten angefüllt.

Aber trotzdem: Ihr Kind braucht auch Zeit für sich, es muss spielen, trödeln und träumen dürfen. Das sollten Sie neben aller Förderung bedenken! Amerikanische Trendforscher haben vor einigen Jahren den Begriff des »Down Shifting« geprägt, was so viel bedeutet wie »sich herunterfahren«. Ein Kind, das ständig gefordert wird, leistet nämlich letztlich weniger als ein anderes, das seine Kräfte gut einteilt. Immer mehr Kinder klagen heute über Stresssymptome wie Migräne oder Magen-

Freizeit ist wichtig

Jedes Kind braucht auch einmal Auszeiten ganz für sich allein. Es sollte träumen dürfen, das sind Momente besonderer Kreativität. Vielleicht möchte es gerne zwischendurch etwas malen oder zeichnen, vielleicht auch ein Tagebuch schreiben oder einfach nur seinen eigenen Gedanken nachgehen. Kreative und Künstler schöpfen schließlich auch nicht nur aus einer Überfülle an Anregungen, sondern sie brauchen die Muße, um das Erlebte umzusetzen.

schmerzen. Sie alle sind ein Hilferuf von Körper und Seele nach mehr Ruhe und Entspannung.

Packen Sie also den Terminplan Ihres Nachwuchses nicht zu voll, setzen Sie Prioritäten bei den Freizeitaktivitäten. Kinder sollen auch Nachmittage haben, an denen nichts auf dem Programm steht. Da dürfen sie trödeln und die Seele baumeln lassen. Sie werden sehen, dass sie dann ihre »Pflichtstunden« umso konzentrierter absolvieren. Ein geschicktes Zeitmanagement ist, wenn Sie Phasen der Muße und Entspannung in den Tagesablauf einbauen, dann werden hohe Anforderungen umso besser erfüllt.

Mein Kind soll endlich im Haushalt mithelfen!

Frage: Wenn wir bei meiner Schwester eingeladen sind, bekomme ich jedes Mal ein schlechtes Gewissen und mache mir selbst Vorwürfe, weil ihre Kinder immer so brav mithelfen, den Tisch zu decken und nachher wieder abzuräumen. Das funktioniert einfach reibungslos. Bei uns gibt es stets Gezeter, wenn ich meiner Tochter Miriam sage, sie soll doch auch mal das eine oder andere im Haushalt erledigen. Wie kann ich das ändern?

Antwort: Möglicherweise entspricht das Bild, das Sie von den Kindern Ihrer Schwester haben, nicht ganz der Wirklichkeit. Denn wenn Besuch kommt, helfen die Kids schon mal ganz gerne im Haushalt, um zu demonstrieren, wie fleißig sie sind und um bewundert und gelobt zu werden. Möglicherweise aber sieht der Alltag in dieser Familie doch ganz anders aus, und die Kinder Ihrer Schwester helfen dann auch nur widerwillig mit.

Aber sicher, es ist oft ziemlich mühsam, die Kinder zur Hausarbeit zu motivieren. Am besten gelingt es Ihnen, Ihre Tochter zum Helfen zu bewegen, wenn sie das Gefühl bekommt, dass sie auch wirklich gebraucht wird. Erkennen Sie diese Hilfe dann auch an, das gibt ihr Auftrieb. Denn wenn Ihre Miriam glaubt, dass sie bestimmte Aufgaben nur bekommt, um etwas daraus zu lernen, dann hat sie wahrscheinlich keine Lust dazu und weigert sich.

Ihre eigene Einstellung zur Hausarbeit ist zudem ganz entscheidend. Wenn Sie selbst die Hausarbeit als unangenehm empfinden und dies womöglich noch betonen, ist es kein Wunder, wenn auch Miriam diese Einstellung übernimmt. Sie dürfen dann nicht erwarten, dass Ihr Kind die Pflichten im Haus-

✔ Häusliche Pflichten – sinnvoll für Ihr Kind

Durch Hausarbeit in Maßen und kleine Pflichten können Sie Kindern ganz nebenbei folgende Fähigkeiten vermitteln:

- **Die Zeit einteilen:** Ihr Kind sollte nicht alles an einem Tag erledigen, denn die Schule und Freizeitaktivitäten dürfen nicht zu kurz kommen.
- **Lerneffekt:** Tätigkeiten wie Fenster putzen, Staub saugen, die Blumen und den Garten pflegen, die Tiere versorgen und Ähnliches werden unter Anleitung der Eltern allmählich gelernt.
- **Pflichtbewusstsein:** Wenn das Kind schon kleine Verantwortungen übertragen bekommt, zum Beispiel für die Pflege der Blumen im eigenen Zimmer ganz alleine zuständig ist, lernt es schon frühzeitig ein gewisses Pflichtbewusstsein, das ihm später zugute kommt.

Achtung! Bezahlen sollten Sie Ihr Kind für Tätigkeiten im Haushalt auf keinen Fall, denn das bringt ihm eine falsche Botschaft. So erfährt es, dass gute Taten, die eigentlich selbstverständlich sind, finanziell entlohnt werden. Es lernt fälschlicherweise, dass seine Hilfe nur dann wertvoll ist, wenn es Geld dafür gibt. Aber eine Anerkennung, beispielsweise in Form eines schönen Ausflugs oder eines leckeren Essens, ist sicher angebracht – und vor allem viel Lob!

halt mit Enthusiasmus erfüllt. Leben Sie Ihrer Tochter vor, dass Sie Ihren Haushalt mit viel Geduld, Engagement und einer Prise Humor erledigen. So sind Sie ein gutes Vorbild und können Ihr Kind vielleicht zum Helfen animieren.

Mein Kind ist so oft wütend!

Frage: Wir haben ein großes Problem: Seit einigen Monaten ist Andreas, mein älterer Sohn, sehr aggressiv. Der Junge ist sechs Jahre alt, seit ein paar Wochen besucht er die erste Klasse der Grundschule. Er bekommt immer wieder richtige Wutausbrüche. Dann schreit er mich oder auch seinen kleinen Bruder Philipp an, oft ganz unvermittelt. Einmal hat er nach Philipp sogar ein Spielzeugauto geworfen. Was kann ich tun?

Antwort: Wut ist ein Gefühl, das jeder von uns kennt. Es kann ein Alarmzeichen dafür sein, dass etwas nicht in Ordnung ist, entweder im näheren Umfeld oder in der Persönlichkeit des Betroffenen. Wenn sich andere uns gegenüber unehrlich verhalten oder an uns zu hohe Anforderungen gestellt werden, können wir auch mit Zorn reagieren. Wut ist eigentlich etwas ganz Normales und auch erlaubt. Wird dieses Gefühl nämlich unterdrückt, kann es passieren, dass es sich später umso kraftvoller entlädt. Kinder lernen im Laufe ihres Lebens immer besser mit ihrer Wut umzugehen und Ventile zu finden, damit sie niemand anderen schädigen und auch nicht im Affekt irgendwelche Dinge kaputtmachen. Für Eltern können die Wutausbrüche des Kindes manchmal auch eine Forderung nach mehr Aufmerksamkeit bedeuten.

Wutanfälle haben unterschiedlichste Ursachen. Schauen Sie aufmerksam hin und versuchen Sie herauszufinden, woran es bei Ihrem Kind liegen könnte. Vielleicht ist es Überforderung, weil der Eintritt in die Schule eine so große Umstellung für Ihren Sohn war? Wahrscheinlich braucht er Zeit, um zu lernen, sich anzupassen. Hat Ihr Andreas vielleicht Konflikte mit den Mitschülern oder der Lehrerin/dem Lehrer auszutragen? Achten Sie auf Signale, die Ihr Kind sendet und versuchen Sie, in einem Gespräch herauszufinden, ob es etwas bedrückt.

Bleiben Sie zunächst gelassen und haben Sie Geduld mit Ihrem Kind. Falls sein Zorn jedoch nicht enden will oder womöglich in verletzende Aggression umschlägt, dann sollten Sie am besten mit Hilfe eines Psychologen nach den Ursachen dafür suchen. Der Fachmann gibt außerdem Tipps, wie Sie mit der kindlichen Wut umgehen und diese lindern können.

✔ So können Sie auf einen Wutausbruch reagieren

- **Ignorieren:** Nehmen Sie keine Notiz von dem Zornesanfall, bieten Sie ein Gespräch an. Lassen Sie sich von der Wut Ihres Kindes vor allem nicht anstecken. Sprechen Sie ruhig und gelassen, das lindert seine überschießende Reaktion. Bleiben Sie zudem freundlich.
- **Abwarten:** Lassen Sie sich nicht zu unüberlegten Handlungen hinreißen wie Schlagen oder Schreien. Besser ist es, die Wut verrauchen zu lassen und erst dann wieder einen Versuch zu einem Gespräch zu starten.
- **Bewegung an der frischen Luft:** Gehen Sie mit Ihrem Kind nach draußen, damit es sich richtig austoben kann. Vielleicht tut ihm eine Schneeballschlacht, im Sommer eine Runde Schwimmen oder Ähnliches gut.
- **Nicht zu viel TV:** Beschränken Sie grundsätzlich die tägliche Fernsehzeit, das vermindert Aggressionen.
- **Lassen Sie Ihr Kind teilhaben:** Beteiligen Sie Ihren Nachwuchs an möglichst vielen Entscheidungen, die Oberhand dabei haben aber immer Sie! Machen Sie lediglich Ihre Entscheidungen transparent.
- **Wichtige Aufgaben:** Bieten Sie Ihrem Kind Herausforderungen, die es bewältigen kann, und übertragen Sie ihm wichtige Aufgaben, die jedoch nicht zu schwer sein sollten. Es braucht wie jeder Mensch seine Erfolgserlebnisse und auch Lob.
- **Gute Atmosphäre:** Schaffen Sie zu Hause eine liebevolle Atmosphäre, in der sich Ihr Kind sicher und geborgen fühlt, und reden Sie viel mit ihm.
- **Sinnvolle Ventile:** Vielleicht ist ein Boxsack eine gute Möglichkeit, dass Ihr Kind seinen Zorn abreagieren kann. Auch eine Kissenschlacht mit den Eltern und Geschwistern kann gegebenenfalls Besänftigung bringen.

10 Punkte gegen Stress

1 **Zeit und Zuwendung:** Schenken Sie Ihrem Kind so viel Aufmerksamkeit wie möglich! Widmen Sie ihm reichlich Zeit, und zwar ganz bewusst und intensiv. Machen Sie während der Beschäftigung mit ihm nicht noch etwas anderes gleichzeitig. Die Stunden oder Minuten mit Ihrem Kind sollten wirklich nur ihm allein gehören. Sie werden spüren, wie gut das Ihnen beiden tut! Oft reicht schon eine halbe Stunde, am besten mehrmals am Tag.

2 **Zuhören und miteinander sprechen:** Ihr Kind braucht Ihre Zuwendung. Hören Sie ihm richtig zu! Seien Sie mit allen Sinnen bei ihm, vor allem aber mit Ihren Ohren. Ihr Sprössling hat das ganz natürliche Bedürfnis, sich Ihnen anzuvertrauen, denn Sie sind ja seine nächste Bezugsperson. Je nachdem wie Sie auf seine Signale reagieren, fühlt er sich entweder angenommen, oder es entsteht eine Kluft zwischen Ihnen und Ihrem Nachwuchs. Wenn er mit Ihnen seine kleinen Sorgen besprechen kann, wird er als erwachsener Mensch in der Lage sein, Konflikte selbst zu lösen.

3 **Missverständnisse ausräumen:** Lernen Sie, die Kommunikation mit Ihrem Kind auf der Basis von Verständnis und liebevoller Zuwendung aufzubauen. Ein Schlüssel dazu ist, dass Sie die wichtigsten Grundmuster für Missverständnisse erkennen (siehe Kasten Seite 33). Führen Sie sich einmal vor Augen, welche Kräfte im Umgang mit Ihrem Sprössling wirken. Seien Sie geduldig, falls Sie mit Ihrer neuen Strategie nicht gleich Erfolg haben und überprüfen Sie Ihr Verhalten noch einmal. So merkt Ihr Kind, dass Sie über seine Belange nachdenken und gegebenenfalls auch Ihre Einstellung ändern, damit es ihm gut geht.

4 **Motivieren und Belohnen:** Viel besser als Strafen wirken Motivation und Belohnung. Damit erreichen Sie, dass sich Ihr Kind entfalten kann und lernt, gewis-

se Tätigkeiten und Pflichten zu übernehmen, zudem erfährt es etwas Positives, nämlich eine Belohnung. Das Negative, die Strafe, bleibt ihm erspart. So wird es positiv geprägt. Das wird ihm helfen, in Kindergarten, Schule, Ausbildung und Beruf ein bestimmtes Ziel anzustreben und auch leichter zu erreichen. Es hat ja schon im Elternhaus gelernt, Pflichten zu übernehmen. Motivieren Sie also Ihren Sprössling immer wieder, üben Sie dabei aber keinen Druck auf ihn aus!

5 **Strukturen schaffen:** Seien Sie auch was Struktur und Ordnung angeht ein gutes Vorbild für Ihr Kind. Machen Sie bestimmte Dinge gemeinsam und leben Sie ihm positive Verhaltensweisen vor. Achten Sie dabei auf Regelmäßigkeit und Gleichmäßigkeit in den Abläufen. Das gibt Ihrem Nachwuchs Sicherheit und Orientierung. Schon bei den kleinen Dingen im Alltag geht es los. Ganz besonders wichtig ist das Einhalten regelmäßiger, gemeinsamer Mahlzeiten; auch Unternehmungen zusammen mit der Familie soll es geben.

6 **Grenzen setzen:** Das gelingt leider nicht immer so leicht. Treten Sie Ihrem Kind gegenüber möglichst selbstsicher, entschlossen und bestimmt auf, stellen Sie klare Forderungen und geben Sie deutliche Anweisungen. Mit Selbstsicherheit ist gemeint, dass Sie sich Ihrer Erzieherrolle mit all ihren Pflichten bewusst sind und diese gerne annehmen. Bleiben Sie vor allem gelassen, wenn Ihr Kind Sie provozieren will. Das ist ein Zeichen von Ichstärke. Schon durch Ihr Auftreten, Ihre Körperhaltung, Ihre Worte und Gesten muss Ihr Kind spüren, dass Sie das Ruder in der Hand haben.

7 **Freiräume geben:** Schaffen Sie Freiräume für sich selbst und für Ihren Sprössling! Achten Sie darauf, dass täglich etwas Zeit übrig ist, in der jeder wirklich machen kann, was er will, völlig ungeplant, ganz den eigenen Vorstellungen und Wünschen entsprechend. Während dieser freien Zeit darf Ihr Kind ungestört spielen oder die Seele baumeln lassen.

Natürlich sind Sie aufgrund Ihrer täglichen Pflichten bestimmten Zwängen ausgesetzt, Sie müssen verschiedene Termine einhalten. Trotzdem sollten Muße und Entspannung nicht zu kurz kommen.

8 **Fehlverhalten aufzeigen:** Wenn Ihr Kind etwas Unrechtes getan oder sich schlecht benommen hat, dann sprechen Sie in aller Ruhe und ganz ohne Aggression mit ihm darüber. Drohen Sie nicht mit einer Strafe, das bringt nichts. Achten Sie während des Gesprächs auf eine klare Sprache und auf Sachlichkeit. Nur dann kann Ihr Nachwuchs einsichtig sein. Er lernt aus seinen Fehlern und hat die Möglichkeit, sein Verhalten zu korrigieren. Das ist ein sehr wichtiger Prozess für sein ganzes späteres Leben.

9 **Verantwortung übertragen:** Ihr Kind braucht Grenzen, es soll von Ihnen angeleitet und geführt werden. Überdies benötigt es den Spielraum zur freien Entfaltung, um seine Fähigkeiten zu entwickeln, um selbstständiges Denken und Handeln zu lernen sowie die Verantwortung dafür zu übernehmen. Geben Sie daher Ihrem Nachwuchs diesen notwendigen Freiraum, lassen Sie ihn in gewissen Bereichen und innerhalb eines bestimmten Rahmens gewähren. Vertrauen Sie auf seine Fähigkeiten und übertragen Sie ihm für bestimmte Dinge und Tätigkeiten schon ein wenig Verantwortung.

10 **Auszeiten nehmen:** Nehmen Sie sich möglichst immer wieder Zeit für sich selbst! Achten Sie auf regelmäßige Erholung vom Alltagsstress, gönnen Sie sich Zeit fürs Nichtstun und für ein Hobby. Nehmen Sie Kontakt zu Freunden auf und verabreden Sie sich mit ihnen. Viel Bewegung, besonders an der frischen Luft, bringt Gesundheit und Erholung. Gönnen Sie sich außerdem hin und wieder selbst etwas Schönes und seien Sie stolz auf sich, so wie Sie sind. Lassen Sie ab und zu Ihre Seele baumeln, machen Sie regelmäßig Pausen, schaffen Sie sich jeden Tag etwas Freiraum, eine Stunde, die nur Ihnen allein gehört.

Aktives Zuhören 27, 29 f., 34, 140
Alltagsstrukturen 40, 141
Anziehen 94
Auszeiten, elterliche 48, 62 ff.
Auszeiten, kindliche 20, 48, 136
Belohnungen 35, 37 f., 47, 80, 140 f.
Burnout-Syndrom 63
Ein-Eltern-Haushalt 20, 62
Einsicht, kindliche 53 ff., 142
Eltern-Kind-Kommunikation, Fehler und Lösungsvorschläge 28 f.
Eltern-Kind-Kommunikation, Probleme 24 ff., 34, 73
Elternfehler 112 ff.
Emotionale Ausbrüche 121
Emotionale Kompetenz 76
Fernsehkonsum 50 f.
Freizeitstress für Kinder 21, 47 f.
Grenzen austesten 43 f., 78, 88
Gutenachtgeschichten 23, 41, 50
Hausarrest 124 f., 127
Haustiere, Problematik 132 ff.
Inkonsequenz 112, 118
Killerphrasen, verletzende 121
Kindergartenbesuch 93 f., 99 ff., 106
Konsequenz 13 f., 46 f., 78 f., 114
Leistungsdruck 49
Lernpensum des Babys 82 ff.
Lernpensum des Kindergartenkindes 94 ff.
Lernpensum des Kleinkindes 85 ff.
Lernpensum des Schulkindes 103, 105
Liebe und Zuwendung 12 f., 15 f., 114
Liebevolle Konsequenz 11, 14 f., 18, 88
Lob und Anerkennung 70 ff.
Märchen 23, 25, 75
Missverständnisse, Grundmuster 33, 73
Motivation und Selbstmotivation 37 f., 71 f., 140 f.
Nachlässigkeit 112 ff.
Neuronale Vernetzung 17
Pflichten (häusliche) übernehmen 37 f., 40, 42, 136 ff., 141
Programmierung 18 f., 31 f.
Provokation, kindliche 43 f., 141
Pubertät 45, 73, 124
Regel-ABC fürs Baby 83
Regel-ABC fürs Kindergartenkind 98
Regel-ABC fürs Kleinkind 90 f.
Regel-ABC fürs Schulkind 104
Regeln fürs Baby 80 ff.
Regeln fürs Kindergartenkind 92 ff.
Regeln fürs Kleinkind 84 ff.
Regeln fürs Schulkind 101 ff.
Regeln lernen, Drei-Stufen-Modell
- 1. Positive Grundhaltung einnehmen 68 ff.
- 2. Klare Worte sprechen 73 ff.
- 3. Worte in Taten umsetzen 77 ff.

Regeneration, Tipps 65
Respekt 46
Rituale 40 ff.
Schimpfen 53 f., 77
Schulbesuchvorbereitung, Fragen 106 ff.
Schulreife 105, 109
Selbstständigkeit und Eigenverantwortung 57 ff.
Selbstwertgefühl 71 f.
Sicherheit und Geborgenheit 12
Soziale Kompetenz 10, 36, 42, 96 ff., 135
Spielen 50 ff., 97
Strafen 32, 36 f., 44, 47, 54 f., 77, 112
Strafen, drakonische 124, 127
Streiten 14 f., 55
Strenge, übermäßige 119 f.
Summerhill-Modell 13 f.
Trotzphase 88 f, 91 f.
Trotzphase, Tipps für die Eltern 89, 91 f.
Überbehütung (Overprotection) 132
Verwöhnen, Problematik 129 f.
Vorbildfunktion, elterliche 41, 63, 137 f., 141
Wutausbrüche, elterliche Reaktionen 139
Wutausbrüche, kindliche (Ursachen) 138 f.
Zehn-Punkte-Erziehungsprogramm
- 1. Zeit und Zuwendung 19 ff., 34, 140
- 2. Zuhören und miteinander sprechen 23 ff., 140
- 3. Missverständnisse ausräumen 30 ff., 140
- 4. Motivieren und belohnen 34 ff., 140 f.
- 5. Strukturen schaffen 39 ff., 141
- 6. Grenzen setzen 42 ff., 141
- 7. Freiräume gewähren 47 ff., 141 f.
- 8. Fehlverhalten aufzeigen 52 ff., 142
- 9. Verantwortung übertragen 56 ff., 142
- 10. Auszeiten nehmen 61 ff., 142

Weitere Bücher aus dieser Reihe

- Was Sie über gute Ernährung wissen sollten
- Wie Sie Ihr Kind zum richtigen Maß führen
- Wie Sie ruhige Essenszeiten schaffen

Will Ihr Kind nicht richtig essen? Viele Eltern sind besorgt, dass ihr Kind zu viel, zu wenig oder das Falsche isst. Hier erfahren Sie, wie Sie Ihr Kind zum richtigen Maß führen, an eine gesunde Vielfalt gewöhnen und gemeinsam stressfreie Tischzeiten erleben.

ISBN 3-8112-2624-X, 144 Seiten, 5,– €

- Wie Sie Ihr Kind beruhigen
- Was Sie gegen Einschlafprobleme tun können
- Wie Ihr Kind lernt durchzuschlafen

Regelmäßiger Schlaf ist unabdingbar für die gesunde Entwicklung Ihres Kindes. Die Fragen, wie Sie Ihrem Kind helfen, entspannt ein- und durchzuschlafen, was Sie über den Schlafrhythmus wissen müssen und wie Sie die richtigen Einschlafrituale finden, werden von kompetenten Autoren beantwortet. So wird aus Ihrem Sprössling ein gutes Schlummerkind.

ISBN 3-8112-2623-1, 144 Seiten, 5,– €

- Wann der richtige Zeitpunkt ist
- Wie Sie Ihr Kind vorbereiten
- Was Sie tun können, um Ihrem Kind zu helfen

Einigen Kindern fällt es leichter, andere brauchen länger, doch für alle ist der Weg von der Windel zum Töpfchen eine schwierige Phase. Ab wann sollte ein Kind sauber sein? Fallbeispiele und viele Tipps helfen Ihnen in dieser Phase. So gewöhnt sich Ihr Kind leicht ans Töpfchen und bleibt auch in der Nacht trocken.

ISBN 3-8112-2626-6, 144 Seiten, 5,– €